유아교사를 위한

전통문화교육 길라잡이

임미혜 엮음

창지사

머리말

전통은 국가마다, 사람마다의 삶의 발자취이며 결론인 듯하다. 우리나라는 동쪽에 사는 예의바른 사람들로, 흰 옷을 즐겨 입는 백의민족으로 한반도에서 오천 년이 넘는 오랜 역사 이래 여러 세대를 거치면서 풍요로운 전통문화를 꽃피워 왔다.

특히 유네스코에 등록된 석굴암, 불국사, 종묘, 수원화성, 조선왕릉, 해인사, 훈민정음, 팔만대장경, 동의보감, 난중일기 등 우리나라의 세계 문화유산은 대한민국인이라는 민족 정체성과 우리 전통문화에 대한 자긍심을 느끼게 해 준다. 그러나 우리나라에 이러한 훌륭하고 다양한 전통문화가 있음에도 불구하고 우리의 전반적 분위기는 의식적 · 무의식적으로 외래문화, 특히 서구문화를 우리의 전통문화보다 우월하게 여기거나 추종하는 경향이 있었다. 그리하여 한복은 거추장스럽고, 전통음식은 특별한 명절에만 먹는 음식으로 전락하게 되었다. 전통놀이도 마찬가지이다.

어느 해 추석, 같은 대학교에 근무하던 미국인 교수가 추석의 의미나 놀이 등에 대해 궁금해 했지만 우리의 전통문화에 대해 알고 있는 것이 없어 무척 안타깝고 창피함을 느꼈었다. 그 후 인터넷과 서적들을 통해 우리나라에 훌륭한 전통문화가 얼마나 많이 있는지 알게 되었을 때 많은 감동을 받은 적이 있었다.

21세기는 국제화 · 세계화 시대이다. '우리 것이 좋은 것이여', '신토불이' 라는 말처럼 우리의 후손들이 국제사회 속에서 한국 사람 특히 한 개인으로서 정체성을 가지고 제 목소리를 내게 하려면 한국 전통문화의 개념을 잘 이해시켜야 한다. 더 나아가 전통문화에 기반을 두고 새로운 전통문화를 재창출할 수 있게 하기 위해서는 전통문화교육을 시작하여야 한다. 즉, 전통문화교육이란 여러 세대를 거쳐 내려온 그 민족의 가치, 신념, 관습, 생활양식 및 놀이 등을 포함하여, 한 시대에 살던 한 집단의 구성원들이 서로 나누어 갖고 있었던 생활의 모습들을 후세대에게 전달하는 것이다.

세계 속에서 우리 전통문화의 정체성을 확보해 가기 위해서는 자라나는 유아들에게 어려서부터 전통문화에 대한 교육을 통해 우리 문화를 소개하고 경험하게 하여 익숙하게 하고 계승하는 방법을 모색하는 것이 가장 바람직하다. 이에 제6차 유치원교육과정 이후, 누리과정, 표준보육과정에서도 전통문화교육을 강조하고 있다. 즉, 21세기 세계화 · 정보화 시대를 살아갈 새로운 가치를 창출해 내기 위해서는 우리 문화에 대한 이해가 그 바탕이 되어야 하며, 유아기부터 전통문화를 바르게 이해하고 자긍심을 지니도록 이끌어야 한다고 추구하는 인간상을 설정한 바 있다.

그러나 유아교육 현장에서 유아교사들은 전통문화교육을 실시하고 싶지만 전통문화 영역이 너무 광범위하고, 전통문화에 대한 기본 지식이나 이해가 부족하기 때문에 쉽게 접근하지 못하고 어려움을 겪고 있는 실정이다. 이에 본서는 유아교사가 유아교육 현장에서 영유아를 대상으로 전통문화교육을 실시하는데 도움을 주고자 우리나라의 세시풍속, 전통의복, 전통가옥, 전통음악, 전통미술, 전통춤 등으로 구분하여 엮어 놓았다.

이 자리를 빌어 우리나라의 전통문화에 대해 연구하며 묵묵히 자신의 길을 걸어가신 분들에게 깊은 존경과 감사의 말씀을 전하고 싶다. 부디 유아교육 현장에서도 우리나라의 전통문화를 계승 · 발전시키시려 애쓰셨던 여러분들의 노고를 깊이 깨닫고 영유아들이 우리나라의 전통문화를 사랑하고 아끼며, 더 나아가 대한민국인이라는 사실을 자랑스럽게 여기게 되었으면 좋겠다.

본서는 많은 우여곡절을 겪으며, 오랜 시간 동안 캄캄한 서랍 속에 잠자고 있다가 이제야 세상으로 나올 수 있게 되었다. 나를 단련하신 후에 정금처럼 나오게 되리라는 하나님의 말씀처럼…다시 교단에서 제자들을 만날 수 있게 해 주신 하나님…감사하고 사랑합니다.

적극적으로 도움을 주셨던 창지사 편집부 여러분들께도 진심으로 감사드린다.

우리 가정의 전통을 이어가게 될 서준이를 환영하며….

2014년 7월

엮은이 임미혜

차 례

1장 한국 전통문화의 이해

한반도에 살고 있는 우리 민족은 이 땅에 뿌리내리고 살기 시작한 반만년 역사 이래 여러 세대를 거치면서 풍요로운 전통문화를 꽃피워 왔다. 오늘날 이 땅의 여러 곳에서 발견되는 선조의 유물은 이러한 시대의 삶을 증명해 준다. 유네스코에서는 이미 종묘 · 해인사 · 팔만대장경 · 불국사 · 석굴암 등을 세계 문화유산으로 지정한 데 이어 1997년 조선왕조실록과 훈민정음을 세계 기록문화유산으로 등록하였다. 이를 통해 우리는 대한민국인이라는 민족 정체성과 우리 전통 문화에 대한 자긍심을 가질 수 있게 되었다(김용범, 2000).

이러한 문화적 전통은 우리 스스로가 오늘에 일구어 낸 '한강의 기적'과는 다르다. 왜냐하면 인간 집단의 생활양식의 총체인 문화는 우리나라의 역사 속에서 소멸, 전승, 재창조를 통해 현 시점에 이른 것이기 때문이다.

최근에 이르러 우리나라에서도 전통문화에 대한 관심이 급격히 높아지고 있다. 그러나 후세대들에게 또는 다른 나라 사람들에게 우리나라 전통문화를 설명하기엔 아직도 올바르게 인식하고 있다고 볼 수는 없다. 따라서 본 장에서는 전통문화에 대한 이해를 돕기 위해 먼저 전통과 문화에 대한 정의와 전통문화 교육의 필요성 등에 대해 살펴보고자 한다.

1. 전통문화란?

전통문화란 전통과 문화가 합성된 개념으로서, 서양 문명이 들어오기 전까지 우리 민족의 가장 적절한 삶의 지혜를 모은 생활 문화이면서 현대 문화와의 연속성을 가지고 있는 정신 문화와 물질 문화를 포함하는 유·무형의 개인적, 집단적 노력의 모든 창조물로 정의(전남련·김민아·김덕일, 2004)할 수 있다. 따라서 본 절에서는 전통문화를 더욱 잘 이해하기 위해서 전통과 문화에 대한 개념 및 전통문화교육의 필요성에 대해 살펴보고자 한다.

1) 전통의 개념 및 기본 요소

전통이란 어떤 집단이나 공동체에 예로부터 이어져 내려오는, 관습·양식(樣式)·의식(意識)·태도 등의 일정한 계통이나 흐름들(문미옥, 1999, 재인용)을 의미한다. 즉, 여러 세대를 거쳐 내려온 그 민족의 가치, 신념, 관습, 생활양식 및 놀이 등을 포함하여, 한 시대에 살던 한 집단의 구성원들이 서로 나누어 갖고 있었던 생활의 모습들이 지난 세대에 이미 이루어져 그 후로 계통을 이루어 전하여지는 것을 말하는 것이다.

전통은 단순히 과거의 유산만을 의미하는 것은 아니다. 과거와 유관한 것이면서도 현재의 생활을 풍부하게 하고, 미래의 새로운 문화를 창조하는 데 밑거름이 되는 활력소인 것이다. 과거의 전통이 풍부하고 훌륭할수록, 또 그것을 잘 이해할수록 높은 수준의 새로운 문화를 창조할 가능성이 짙어진다. 반대로 과거의 전통이 빈약하거나 그것을 충분히 이해하고 활용하지 못하면 그만큼 새 문화 창조의 길은 좁아지게 될 것이다(안휘준, 1997).

전통의 본질적 요소는 다음과 같다(김영철, 1998; 안휘준, 1997).

첫째, 인간에 의해 창조되었으되, 한 공동체 구성원들의 다양한 의견들이 복잡한 과정과 절차를 거쳐 걸러 낸 사회적 공감 · 합의에 의한 결과라는 점이다.

둘째, 한 세대에서 다음 세대로 전승되는 것이라는 점이다. 즉, 과거의 것이 오랫동안 유지, 존속, 승계된다는 것이다. 이에 대해 3세대, 약 100년 정도 간 지속적으로 구성원의 대부분 사람들에 의해 유지된 것을 전통이라고 규정하는 학자도 있다. 이는 전통의 내용이 되는 그 무엇은, 당대에만 가치가 있는 것이 아니라 다음 세대에도 여전히 가치가 있을 것이라는 신념이 전 세대와 후 세대가 의식 · 무의식으로 합일하였음을 의미한다.

셋째, 전통은 지역적, 시대적, 그 밖의 여러 가지 여건에 의해 끊임없이 변화한다는 점이다. 따라서 전통은 어떤 공통점을 지니고 있으면서도 획일적이거나 단일한 것이 아닌 복합적인 성격을 띠고 있다. 이 때문에 전통을 어느 한 각도로만 보는 것은 위험하다.

더 나아가 전통은 특수 집단의 문화를 일관성 있게 해 주고, 타 집단의 문화와 구분지어 주는 특수성을 지니고 있다. 그리하여 전통에 따라 각 나라의 문화는 그 나라만의 특성을 지닐 수 있는 것이다. 그러나 어떤 문화도 외부와의 교섭 없이 항구적으로 발전하며 전통을 계승해 갈 수는 없다. 하나의 문화는 자체의 전통을 이으며, 외부 문화와의 교섭을 통해 좋은 점을 수용해 나가야만 새로운 문화와 전통을 이룩할 수 있는 것이기 때문이다.

우리 전통문화도 우리 자신이 지니고 있던 고유의 문화의 바탕 위에 용광로와 같은 포용력으로 다른 나라의 문화를 수용하여 우리나라만의 독창적인 문화를 만들어 낸 것이다. 이러한 문화 융합의 사고와 세계관은 우리 민족이 단일민족으로서 오랜 역사를 지키며 독창적인 문화를 꽃피우게 한 가장 큰 힘이었다(김용범, 2000).

2) 문화의 개념 및 특성

(1) 문화의 개념

"영어 단어 가운데 가장 어려운 몇 개의 단어 중 하나가 문화(Culture)"(고석규, 1998, 재인용)라고 말할 만큼 문화라는 말은 복잡하고 난해하다. 왜냐하면 문화는 사상이나 철학과 다르면서 이를 모두 담아내는 보다 넓은 개념이기 때문이다.

일반적으로 문화라는 용어는 '전통문화', '한국 문화'를 말할 때 가장 많이 사용된다. 이때의 문화는 '한 인간 집단의 생활양식의 총체'를 뜻한다. 문화에 대한 이런 이해는 19세기 후반 영국의 인류학자 타일러(Tylor)가 내린 "문화는 지식, 신념, 신앙, 법률, 예술, 도덕, 관습 그리고 사회의 구성원으로서 인간에 의해 얻어진 다른 능력이나 습성의 복합적 총체"라는 정의에서 유래하였다. 이 정의는 가장 오래되었을 뿐 아니라 가장 포괄적이다. 우리나라에서는 과거 최남선이 다음과 같이 문화를 이해했다(고석규, 1998)고 한다.

> 문화라 함은 살림살이의 꼴, 또 솜씨라고 규정해 두겠습니다. 개인이면 개인, 집단이면 집단, 민족이고 국민이 그 생활을 경영, 유지, 발전해 가는 과정에서 사용한 방법, 작성한 양식, 재료를 이용하는 기술, 가치를 건설하는 능력, 이런 것들이 곧 문화입니다.
>
> 「조선의 문화」, 『육당 최남선 강연집』, 3 · 7쪽, 1947

그러나 화이트(White)는 문화를 상징행위의 과정으로 정의하고 있다. 즉, 관념, 신앙, 개념, 행동, 의례, 태도 그리고 물건들은 모두 상징행위 과정의 산물이라는 것이다. 또한 문화는 첫째, 개념, 신앙, 감정, 태도 등의 인간 내부, 둘째, 사람들 사이의 사회적인 상호작용의 과정, 셋째, 인간의 외부, 즉 도끼, 공장, 철로 등의 물질적 대상 속에 존재한다고 한다. 이와 같이 총체론적 관점에서 문화는 인간의 정신적, 물질적 총체로서 인간의 내부에, 인간들 사이에, 그리고 인간 외부에 위치하고 있다고 본다.

한편, 크뢰버와 클루크혼(1952)은 문화의 개념을 기술적 정의, 역사적 정의, 규범적 정의, 생태학적 정의, 심리적-관념적 정의, 구조적 정의, 종합적 정의로 분류하여 설명하고 있다(문미옥 · 이혜상 · 이연승 · 황보영란 · 민행난 · 이용주, 2001, 재인용).

기술적 정의

문화에 대한 기술적 정의는 복합적 통일체로서의 문화와, 문화 내용의 모든 측면을 열거하는 것을 강조한다. 즉, "문화 혹은 문명은 사회의 일원으로서, 인간이 습득한 지식 · 신념 · 예술 · 규범 · 도덕 · 습관 그리고 여타의 능력들을 포함한 복합적인 전체를 말한다"고 보고 있다.

역사적 정의

문화에 대한 역사적 정의는 사회적 유산 혹은 사회적 전통을 강조한다. 그러므로 "문화는 사회적으로 물려받은 습관과 신념의 집합체로서, 인간 생활을 어떻게 조직할 것인가를 결정한다"고 보고 있다.

규범적 정의

문화에 대한 규범적 정의는 일정한 지역사회 주민의 삶의 형식을 강조하는데, 이 삶의 형식은 공통의 또는 공유의 행동 유형, 규칙 준수의 실패에 대한 제재, 사회적 행위를 위한 청사진과 같은 것을 함축하고 있다. 따라서 문화는 "일정 지역사회 주민 혹은 종족이 따르는 삶의 형식으로 간주된다"고 보고 있다.

생태학적 정의

생태학적 정의는 자연환경, 경제조직, 기술 그리고 생산 양식에 인간 사회가 적응할 수 있도록 고안된 것으로서의 문화를 강조한다. 그러므로 "하나의 문화는 공통된 삶의 양식이다. 즉, 문화는 인간이 자연적 환경과 경제적 욕구에 적응한 삶의 양식이다"라고 보고 있다.

심리적-관념적 정의

심리적-관념적 정의는 학습의 과정과 상징적인 행동을 강조한다. 그러므로 "문화의 현상은 학습의 결과로 획득한 인간의 모든 활동을 포함하는 것이다"라고 본다.

구조적 정의

구조적 정의는 문화의 유형과 조직성을 강조한다. "문화는 전통적으로 전해 내려오면서 한 인간집단을 특징짓는 행동과 가공물에 나타나 있는 관습적인 이해 방식의 조직을 말한다"고 보는 것이다.

종합적 정의

종합적 정의는 "문화는 행동의, 행동을 위한 잠재적 및 현재적 유형으로서, 이 행동 유형은 행동의 유형인 동시에 행동을 위한 유형이기도 하며, 그 유형은 잠재적으로도 현재적으로도 존재한다. 행동 유형은 상징에 의하여 획득 전달된다. 상징은 한 인간집단의 특이한 업적을 구성하고 있으며, 문화 내에 구상화되기도 한다. 문화의 기본적인 핵심은 전통적(즉, 역사적으로 발생되고 존속해 온) 관념들과 특히 거기에 부여된 가치들로 구성된다. 문화체계는 한편으로는 행동의 산물로 간주되기도 하며, 다른 한편으로는 미래 행동을 조건화하는 요소로 간주된다"고 보는 것이다.

(2) 문화의 특성

문화의 개념은 위에서 살펴본 것처럼 다양하지만, 어느 문화든 간에 공통적인 속성이 담겨 있다. 일반적으로 일치된 문화의 속성으로는 문화의 공유성, 학습성과 누적성, 통합성, 보편성과 상대성, 초개인성, 가변성, 상징성 그리고 보편성 등이 있다(문미옥 외, 2001, 재인용; 전경수, 1994; 한상복 · 이문웅 · 김광억, 1985). 이를 구체적으로 살펴보면 다음과 같다.

문화의 공유성 : 문화는 한 집단 구성원들에 의해 공유된다.

문화는 어떤 집단의 구성원들이 공통적으로 가진 생활양식 또는 사고양식을 말한다. 이러한 문화의 공유성은 집단 구성원들로 하여금 사회생활을 가능하게 해 주고 원활하게 하며 규칙성을 부여한다.

문화의 학습성과 누적성 : 문화는 학습되고 누적된다.

사람은 특정의 문화를 가지고 태어나는 것이 아니라 단지 학습할 능력만을 가지고 태어난다. 예컨대, 인간이면 누구나 어느 말이나 배울 수 있는 생물학적 구조를 가지고 태어나지만, 한국말을 쓸 것인지, 미국말을 쓸 것인지, 일본말을 쓸 것인지는 그의 문화적 환경에 달려 있다. 따라서 문화는 학습성과 아울러 문화화 또는 교육에 의해서 대대로 전승되며 누적되어진다.

문화의 통합성 : 문화는 많은 구성요소들을 통합하고 있다.

문화는 지식, 신념, 예술, 법, 도덕, 관습 등의 수많은 구성요소들로 구성되어, 상호 긴밀한 관계를 가지고 하나의 전체 또는 체계를 이루고 있다.

문화 존재의 보편성과 문화 내용의 고유성 및 상대성 : 어떤 집단이라도 고유한 문화가 있다.

한 사회의 사람들은 그들끼리 공유한 언어, 식사법, 음식물, 예의, 도덕률, 심미적 감각, 남녀 관계, 선물 교환 방법 등의 문화를 가지고 있다. 이런 점에서 문화는 어느 집단이나 보편적으로 존재한다.

그러나 각 집단의 문화는 서로 고유하며 다르다.

문화의 초개인성 : 문화는 한 개인의 생사와 관계없이 유지 전달된다.

모든 문화는 거기에 참여하고 있는 개인들에 의해 담당되고 있지만, 그들의 생사에 의한 세대교체 현상과 관계없이 존속하고, 사회 집단의 성쇠와 관계없이 문화 나름의 변화 법칙을 가지고 있다.

문화의 변동성 : 문화는 변화한다.

특정 문화는 그 문화를 담당하는 세대들로부터 다음 세대로 전달되고 계승된다. 그러나 문화는 세대를 이어가며 전달, 계승되는 과정에서 변동을 가져온다.

문화의 상징성

문화는 언어, 옷, 그림, 음식, 건축 등의 상징물로 구성되어 있다. 즉, 옷 입는 방식으로 인간은 남성과 여성의 성 구별을 상징화한다. 따라서 바지는 남성을, 치마는 여성을 상징하는 옷이다.

문화의 보편성

모든 사회에는 공통적인 문화 형태들이 있다. 즉, 복잡한 체계의 언어라든지, 부부와 자녀에 관련된 가치나 규범이 포함된 가족체계, 혼인제도, 종교 등은 보편적 문화 형태들이다.

2. 전통문화교육의 필요성

전통문화교육이란 여러 세대를 거쳐 내려온 그 민족의 가치, 신념, 관습, 생활양식 및 놀이 등을 포함하여, 한 시대에 살던 한 집단의 구성원들이 서로 나누어 갖고 있던 생활의 모습들을 후 세대에게 전달하는 것이다. 1900년대 이후부터 현대에 이르러 우리나라의 전반적인 분위기는 한일합병에 따른 문화말살정책과 6.25전쟁을 겪으면서 의식적 · 무의식적으로 외래문화, 특히 서구문화를 우리의 전통문화보다 우월하게 여기거나 추종하는 경향이 있었다. 따라서 우리나라의 전통문화를 계승하거나 변형하거나 재창조 또는 전통문화교육을 하는 데는 그다지 노력을 기울이지 않았다. 그 결과 우리는 전통 음식보다는 인스턴

트 음식을, 주거양식도 한옥보다는 아파트를, 한복보다는 양복이나 양장을 이용하는 데 더욱 익숙해져 버렸다. 우리의 전통문화가 영양적으로, 건강적으로, 미적으로 서양문화에 비해 더욱 훌륭한 점이 많이 있음에도 불구하고 우리의 것을 버리거나 잊어버리고 심지어는 무시하기까지 했다.

이제 21세기는 세계화 시대로서 과거의 정치적 이념에 의해 나누어졌던 것을 정치, 경제, 사회적으로 획일화하여 '지구촌 가족' 이라는 말처럼 하나의 공동체가 되었으며, 각 나라마다의 문화적 교류가 어느 때보다도 활발히 이루어지고 있는 실정이다. 이처럼 세계의 급격한 변화에 부응하기 위하여 우리의 인식 또한 변화되어야 한다. 따라서 우리 민족의 개성과 독창성을 인정받아 우리의 정체성을 확보해 나가고, 가장 지역적인 것이 세계적이고, 가장 민중적이며, 민족적인 것이 국제적이라는 인식(국립민속박물관, 1996)이 필요하다.

세계 속에 우리의 전통문화의 정체성을 확보해 가기 위해서는 자라나는 영유아들에게, 어려서부터 전통문화에 대한 교육을 통해 우리 문화를 소개하고 경험하게 하여 익숙하게 하고 계승하는 방법을 모색하도록 하는 것이 가장 바람직하다. 유치원 교육과정에서도 글로벌 시대에 '21세기 지식정보화 시대를 주도할 한국인으로서 우리 문화에 대한 이해의 토대 위에 새로운 가치를 창조하는 사람' 을 추구하는 인간상으로 설정하고 있다(교육과학기술부, 2011). 또한 유아의 기본생활 습관과 전통문화, 창의성을 강조하여 교육과정을 구성하도록 방침을 정하고 있으며, 교육 목표 가운데 하나로 더불어 사는 태도와 우리 전통문화를 사랑하는 마음을 갖도록 하고 있다.

이은화(1989) 역시 고유의 본질 속에서 한국적 주체성을 찾게 하려면 성장하는 어린이의 인격 속에 우리나라 문화와의 동일시를 이룰 수 있는 과정이 제공되어야 하며, 이는 지적, 정서적, 사회적, 신체적 능력에 맞는 학습방법에 의해 문화적 요소가 제공될 때 가장 바람직하게 이루어질 수 있다고 하였다

그러므로 우리의 아들, 딸들이 미래사회 또는 국제사회 속에서 대한민국 사람이라는 정체성과 자부심을 가지고 활동하기 위해서는 우리나라 전통문화교육이 반드시 필요하다.

세시풍속

2장

우리나라 전통문화와 가치관을 이해하기 위해서는 우리 민족의 오랜 생활 과정 속에서 만들어지고 이어져 내려온 풍속의 유래와 의미를 정확히 아는 것이 매우 중요하다. 오늘날 농업의 비중이 많이 줄어들면서 각 명절과 절기와 우리 실제 생활과의 관련성은 점점 약화되고 있지만, 세시풍속은 여전히 우리 사회의 주요한 가치관을 나타내 주는 행사이며 사회구성원들의 공동체 의식을 재확인시켜 줄 수 있어(교육부, 1995) 전통문화교육의 기본이라고 할 수 있겠다.

1. 세시풍속이란 무엇인가?

세시풍속(歲時風俗)은 해마다 일정한 시기에 주기적으로 행해지면서 전승되는 관습적·의례적인 생활 행위를 말한다. 세시풍속은, 세사(歲事)·월령(月令)·시령(時令) 등으로 불리는 것에서 알 수 있듯이, 계절과 밀접한 관계를 지닌 자연발생적인 속질이라 할 수 있다(정상진, 2004). 세시풍속은 일정한 날에 반복적으로 수행되기 때문에 일정한 날인 절일(節日), 혹은 명절(名節)이라고 부르기도 한다(표인주, 2004).

사계절의 변화가 뚜렷하고 농업이 주된 생계 수단이었던 우리 선인들은 어느 민족보다도 계절의 변화에 민감하였다. 계절의 추이에 맞추어 그때그때 대처해야만 생산의 극대화를 이룰 수 있었기 때문이다. 따라서 세시풍속은 대체로 계절에 따라 행해지는 농업 활동과 관련되어 그 행사의 내용과 의미가 정해졌고, 다시 월령에 의하여 세분되어 있다. 이를 통해 세시풍속은 농작의 준비에서부터 파종·제초·수확·저장 등 농산물의 생산 과정까지와 밀접히 관련되어 있는 것을 알 수 있다. 또한 세시풍속은 생산 주체자에게 휴식과 변화를 주기도 하였다. 힘든 농사일을 하는 중간중간에 세시풍속일을 만나 휴식과 놀이를 통하여 단조롭고 고된 생활에 변화를 주고 다음 단계로 이어지는 생산활동에 활력을 주는 계기가 되었다.

세시풍속은 태음력(太陰曆)에 따라 전개되었기 때문에 세시풍속을 이해하기 위해서는 계절에 따라 일 년을 어떻게 24절기로 나누었는지 알아야만 한다. 따라서 본 장에서는 우선 세시풍속의 의미 및 세시풍속을 구분 짓는 절기에 대해 살펴본 뒤 각 계절별 풍속에 대해 구체적으로 살펴보고자 한다.

2. 24 절기

절기는 1년을 24등분하여 계절을 나타낸 것이다. 절기는 태음태양력(太陰太陽曆)이 윤달을 사용함으로 인해 계절의 변화와 다소 불일치하는 것을 보완하기 위해 태양의 주기에 기초하여 1개월에 2개씩의 절기를 지정, 계절의 변화에 대응한 것이다. 우리 조상들은 대략 15일 간격으로 변하는 절기에 따라 농사의 시종(始終)을 이루고 시간과 계절에 순응하면서 생활했다.

구체적인 24절기는 다음과 같다(문미옥 외, 2001).

입춘(立春 : 양력 2월 4일경)

입춘은 24절기 중 첫 번째 절기로서 봄으로 접어드는 것을 알려 준다. 이날에는 대문 기둥이나 대들보, 천정에 '입춘대길'과 같은 좋은 뜻의 글을 써서 붙였고, 농가에서는 보리 뿌리를 뽑아 그 해 농사에 대한 점을 쳐 보기도 했다.

우수(雨水 : 양력 2월 19일경)

우수는 날씨가 많이 풀려 봄 기운이 돋고 초목이 싹트게 되는 절기를 의미하는 것으로, 예로부터 "우수, 경칩에 대동강 물이 풀린다"는 말이 있다.

경칩(驚蟄 : 양력 3월 6일경)

경칩은 땅 속에서 잠을 자던 동물들이 깨어나서 꿈틀거리기 시작한다는 뜻이다. 이 무렵에는 개구리들이 나와 물이 괸 곳에 알을 낳는데 그 알을 먹으면 허리 아픈 데 좋다고 해서, 경칩에 개구리 알을 먹는 풍습이 전해 오고 있다.

춘분(春分 : 양력 3월 21일경)

춘분은 겨울에 짧았던 낮이 길어져서 밤과 낮의 길이가 똑같아지는 날이다. 이때 많이 나타나는 '꽃샘추위'는 '바람신이 꽃이 피는 걸 샘낸다' 해서 붙은 이름이다.

청명(淸明 : 양력 4월 5일경)

청명에는 대부분의 농가에서 논농사 준비 작업으로 논·밭둑 가래질을 시작한다.

곡우(穀雨 : 양력 4월 20일경)

곡우는 봄비가 내리고 온갖 곡식이 윤택해지는 때이다. 옛날에는 이 무렵에 못자리에 쓸 볍씨를 담갔는데, 밖에서 부정한 일을 당하거나 본 사람은 집 앞에 와서 불을 놓아 나쁜 귀신을 몰아낸 다음에 집 안에 들어오고 들어와서도 볍씨를 보지 않을 정도로 소중히 여겼다.

입하(立夏 : 양력 5월 6일경)

입하는 여름이 다가온 것을 알리는 절기이다. 곡우 무렵에는, 마련한 못자리가 자리를 잡아 농사일이 더욱 바빠지는 때이며, 농작물도 잘 자라지만 해충이 많아지고 잡초까지 자라서 이것들을 없애는 일도 많아지는 시기이다.

소만(小滿 : 양력 5월 21일경)

소만은 여름 기분이 나기 시작하면서 식물이 성장하는 때이다. 농가에서는 모내기 준비, 가을보리 먼저 베기, 여러 가지 밭농사의 김매기들이 줄을 이어 제일 바쁜 계절로 접어든다. 이 시기에는 봄철 입맛을 돋우는 냉잇국을 즐겨 먹는다.

망종(芒種 : 양력 6월 6일경)

망종은 벼, 보리 등 '수염이 있는 곡식의 씨앗을 뿌리기에 적당한 때' 라는 뜻으로 "보리는 익어서 먹게 되고, 볏모는 자라서 심게 되니 망종이요, 햇보리를 먹게 될 수 있다는 망종"이라는 말이 있다.

하지(夏至 : 양력 6월 21일경)

하지에는 일 년 중 낮이 가장 길어지는 때이다. 옛날에는 모내기를 모두 끝낸 뒤 하지 때까지도 비가 오지 않으면 기우제를 지냈다.

소서(小暑 : 양력 7월 7일경)

소서는 '작은 더위'라는 뜻으로 본격적인 더위가 시작되는 때이다. 그래서 온갖 과일과 채소가 풍성해지고 밀과 보리도 먹게 되며, 특히 단오를 전후해서 즐기는 밀가루 음식은 이때가 가장 맛이 좋다.

대서(大暑 : 양력 7월 23일경)

대서는 '큰 더위'라는 뜻으로 몹시 덥고 큰 장마가 지는 경우가 많은 절기이다. 소서와 대서 무렵에는 논밭의 잡초를 뽑고 풀, 짚 등을 섞어 거름을 만들어 둔다.

입추(立秋 : 양력 8월 8일경)

입추는 여름이 지나고 가을에 접어들었다는 뜻을 가진 절기이다. 이때부터는 가을 채비를 시작해야 하는데, 특히 무, 배추를 심고 서리가 내리기 전에 거두어서 겨울 김장을 대비해야 한다.

처서(處暑 : 양력 8월 23일경)

처서는 '여름이 지나 더위가 가신다'는 뜻을 가진 절기이다. 이때는 따가운 햇볕이 누그러져서 풀이 더 자라지 않기 때문에 논두렁이나 산소의 풀을 깎으며, 날씨가 선선해진다.

백로(白露 : 양력 9월 8일경)

백로는 '이슬 로(露)' 자를 써서, 밤에 기온이 내려가고 풀잎에 이슬이 맺히는 등 가을 기운이 완전히 나타난다는 뜻을 가진 절기이다.

추분(秋分 : 양력 9월 23일경)

추분에는 낮이 조금씩 짧아져서 밤과 낮의 길이가 같아지는 때이다. 추분이 지나면서 점차 밤이 길어지므로 가을이 왔음을 확실히 느낄 수 있다. 이 무렵에는 논밭의 곡식을 거두어들이고 목화와 고추를 따서 말리는 등 잡다한 가을걷이 일을 했다.

한로(寒露 : 양력 10월 8일경)

한로는 '찬 이슬이 맺힌다' 는 뜻의 절기로, 기온이 내려가기 전에 추수를 끝내야 하므로 농촌에서는 타작이 한창일 때이다. 대개 중양절과 비슷한 때로, 국화전과 국화 술을 즐기고 모임과 놀이가 많았다.

상강(霜降 : 양력 10월 23일경)

상강은 '서리가 내린다' 는 뜻의 절기로서, 낮에는 쾌청한 날씨가 계속되나 밤에는 온도가 떨어져 서리가 맺히게 되는 늦가을 때이다.

입동(立冬 : 양력 11월 7일경)

입동은 '겨울로 접어든다' 는 뜻을 가진 절기로, 이때 날씨가 따뜻하지 않으면 그 해 바람은 독하다고 한다. 조금 더 지나면 날씨가 추워져 배추가 얼어붙고 일하기가 어려워지기 때문에 입동을 전후해서 김장을 담근다.

소설(小雪 : 양력 11월 22일경)

소설은 살얼음이 생기고 땅이 얼기 시작하는 절기로, 이때부터 점차 겨울 기분이 든다.

대설(大雪 : 양력 12월 7일경)

대설은 '눈이 많이 내린다' 는 뜻을 가진 절기로, 이날 눈이 많이 오면 다음해 풍년이 들고 푸근한 겨울을 난다고 한다.

동지(冬至 : 양력 12월 22일경)

동지는 일 년 중 밤이 가장 긴 날이다. 동지 다음 날부터는 낮이 다시 길어지기 때문에 고대 사람들은 이 날을 태양이 죽음으로부터 되살아나는 날이라 생각하고 태양신에게 제사를 올렸다. 동짓날을 '작은 설' 이라고도 하고 "동지팥죽을 먹어야 진짜 나이를 한 살 더 먹는다"는 속담도 있다.

소한(小寒 : 양력 1월 6일경)

소한은 '작은 추위' 라는 뜻의 절기로, 이름으로 보면 '큰 추위' 라는 뜻의 대한 때가 더 추운 것 같지만 우리나라에서는 소한 때가 가장 추워서 "대한이 소한 집에 놀러 갔다가 얼어 죽었다"는 속담도 있다.

대한(大寒 : 양력 1월 21일경)

대한은 '큰 추위' 라는 뜻의 절기지만 소한이 더 춥기 때문에 "춥지 않은 소한 없고, 포근하지 않은 대한 없다", "소한의 얼음, 대한에 녹는다"는 속담이 있다.

앞에서 살펴 본 24절기를 월별로 정리하면 다음과 같다(표 2-1).

〈표 2 - 1〉 24절기

명 칭	절 · 중기	월 일(양력)	명 칭	절 · 중기	월 일(양력)
입춘(立春)	1월절	2월4일경	입추(立秋)	7월절	8월8일경
우수(雨水)	1월중	2월19일경	처서(處暑)	7월중	8월23일경
경칩(驚蟄)	2월절	3월6일경	백로(白露)	8월절	9월8일경
춘분(春分)	2월중	3월21일경	추분(秋分)	8월중	9월23일경
청명(淸明)	3월절	4월5일경	한로(寒露)	9월절	10월9일경
곡우(穀雨)	3월중	4월20일경	상강(霜降)	9월중	10월24일경
입하(立夏)	4월절	5월6일경	입동(立冬)	10월절	11월8일경
소만(小滿)	4월중	5월21일경	소설(小雪)	10월중	11월23일경
망종(芒種)	5월절	6월6일경	대설(大雪)	11월절	12월7일경
하지(夏至)	5월중	6월22일경	동지(冬至)	11월중	12월22일경
소서(小暑)	6월절	7월7일경	소한(小寒)	12월절	1월6일경
대서(大暑)	6월중	7월23일경	대한(大寒)	12월중	1월21일경

출처 : 한국의 세시(www.sesistory.pe.kr)

3. 세시풍속

세시풍속은 24절기에 따라 월별로 구성되어 다양한 성격을 지니고 있었다. 그러나 오늘날에는 설과 추석을 제외하고는 많이 사라져 가고 있는 실정이다.

우리나라에 전통적으로 전해 내려오던 세시풍속인 설날, 정월대보름, 한식, 단오, 칠월칠석, 한가위, 동지 등을 구체적으로 살펴보면 다음과 같다(국립국어연구원, 2002; 문미옥 외, 2001; 정상진, 2003; 차용준, 2000; 표인주, 2004; 인터넷

자료 : 국립민속박물관 www.nfm.go.kr, 한국의 세시 www. sesistory.pe.kr, 꽃다지 http://my.dreamwiz.com/mylee2000/index.htm).

1) 설 날

음력 1월 1일인 설날은 한 해의 첫째 날을 뜻하는 아주 중요한 날이다. 이날에는 모든 사람들이 고향을 찾아 떠나고, 차례를 올리고, 또 새 옷을 즐겨 입는 우리 민족 최대의 명절이다. 이날 우리는 같은 한국 사람이라는, 한 민족이라는 일체감을 가지게 된다. 그래서 사회적으로나 국가적으로 볼 때도 설날은 공동체의 결속을 강하게 한다는 점에서 단순한 명절 이상의 기능과 의미를 가지고 있다고 할 수 있다.

설날은 한자로 '세수(歲首)', '정초(正初)', '원단(元旦)', '원일(元日), 신일(愼日)이라고도 하였다. '설' 이란 순수 우리말로서, 어원은 다섯 가지로 말해지고 있다.

첫째는 『동국여지승람』에서 보듯이 '몸을 삼간다' 는 '신일' 에서 나왔다고 한다. 둘째, 새해가 시작되어 '섧다', '슬프다' 는 뜻에서 나왔다고 보기도 한다. 셋째, 나이를 뜻하는 '살' 의 고어 '술' 에서 나왔다고도 하고, 넷째는 새로 솟아난다는 뜻과 마디의 뜻을 지닌 산스크리트어의 살(sal)에서 나왔을 것으로 보기도 한다. 마지막 다섯째로는 설쇠, 설장고, 설소리, 설북 등에서 보듯 본래 처음을 뜻하고 으뜸을 뜻하는 말에서 비롯된 것으로 말하기도 한다.

(1) 설날의 유래

설날이 언제부터 우리 민족의 최대 명절로 여겨지게 되었는지에 대해서는 정확하게 알 수 없다. 그러나 신라 21대 소지왕 때인 5세기 무렵에 설이나 대보름 세시풍속들이 적잖게 행해졌으리라 추측해 볼 수 있고, 7세기에 나온 중국 사서인 『수서』 신라조에 신라인들이 "매년 정월 초하루 아침에 서로 경하하며 왕이 잔치를 베풀고 여러 손님들과 관원들이 모여 일월신에 제를 올렸다"는 기록을 볼 때 신라의 경우 5세기를 전후한 시기부터 설날 풍속이 다양하게 행해졌을 것으로 짐작된다.

한편, 『삼국사기(三國史記)』 〈제사〉편에는 백제 고이왕 5년(238) 정월에 천지신명께 제사를 지냈으며, 책계왕 2년(287) 정월에는 시조 동명왕 사당에 배알하였다고 기록되어 있다.

고려시대에는 설과 정월 대보름·삼짇날·팔관회·한식·단오·추석·중구·동지를 9대 명절로 삼았고, 조선시대에는 설날과 한식·단오·추석을 4대 명절로 삼은 것으로 보아, 이미 오래전부터 설이 오늘날과 같이 우리 민족의 중요한 명절로 확고히 자리 잡았음을 알 수 있다.

(2) 설날의 풍속

설날은 남녀노소, 빈부귀천의 구분 없이 설빔으로 몸단장을 하고 조상께 차례를 모시고, 성묘를 다녀온 뒤 집안 어른들과 마을 어른들께 세배를 하는 명절이다. 이는 풍년과 가족들의 건강과 평안을 비는 일종의 종교적인 의미를 지닌 명절이라고 할 수 있다.

설날의 풍속에는 청참, 오행점, 차례, 세배, 문안비, 덕담, 설그림, 성묘, 복조리 걸기, 야광귀 쫓기, 널뛰기, 연날리기, 윷놀이 그 외에도 머리카락 태우기 등이 있었다.

청 참(聽讖)

청참이란 새해 첫새벽에 거리로 나가 방향도 없이 돌아다니다가 사람의 소리든 짐승의 소리든 처음 들리는 그 소리로써 그해 1년 중 자기의 신수(身數)를 점치는 것이다.

까치 소리를 들으면 그해는 풍년이 들고 행운이 오며, 참새 소리나 까마귀 소리를 들으면 흉년이 들고 불행이 올 조짐이라고 한다. 그리고 먼 데서 사람의 소리를 들으면 풍년도 아니고 흉년도 아닌 평년작이 들고, 행운도 불행도 없이 지낸다고 한다.

오행점

나무로 장기짝같이 만들어 금, 목, 수, 화, 토를 새겨 이것을 던져서 자빠지고 엎어진 것을 보아 점괘를 얻어 새해의 신수를 점친다.

차 례

설날 아침 세찬과 세주를 마련하여 사당에 진설하고 제사를 지내는 것을 '정조차례' 라고 한다. 사당에는 부모, 조부모, 증조부모, 고조부모까지 4대조의 신주를 모셔 두며 자손들이 모두 모여 차례대로 제사를 지낸다.

세 배

세배는 새해 첫 인사로 웃어른에게 차례대로 절을 하는 것을 말한다. 집안에서 세배가 끝나면 차례 지낸 세찬과 떡국으로 아침 식사를 마치고 일가친척과 이웃 어른을 찾아가서 세배를 드린다. 세배를 받은 측에서는, 어른에게는 술과 음식(주식, 酒食), 아이들에게는 과일과 돈으로 대접하며 정담을 나누기도 한다. 아이들에게 주는 세뱃돈은 저축 정신을 기르라는 뜻으로, 곧 계란을 사서 닭으로 늘리고 다시 송아지에서 소로 늘려 논밭을 장만하라는 뜻이 있다고 한다.

문안비

설날에 여자는 세배를 하러 돌아다니지 않으나, 중류 이상 양반 가문의 부인들은 자기 대신으로 잘 차려 입은 젊은 여종을 일가친척이나 그 밖의 관계있는 집에 보내어 새해 인사를 전갈(傳喝)하는데, 이때 새해 인사를 다니는 계집종을 일컬어 문안비(問安婢)라 한다. 문안을 받는 집에서는 반드시 문안비에게 세배상을 한 상 차려 주며, 또 약간의 세뱃돈도 준다.

덕 담

덕담(德談)이란, 설날에 일가친척들과 친구 등을 만났을 때 "과세 안녕히 하셨습니까?", "새해 복 많이 받으십시오.", "새해에는 아들 낳기를 빕니다." 등과 같이 그 사람의 신분 또는 장유(長幼)의 차이에 따라 소원하는 일로 서로 축하하는 것을 말한다.

『열양세시기(洌陽歲時記)』 원일(元日)조에도 설날부터 사흘 동안 시내의 모든 남녀들이 왕래하느라고 떠들썩하고, 울긋불긋한 옷차림이 길거리에 빛나며, 길에서 아는 사람을 만나면 반갑게 웃으면서 "새해에 안녕하시오?" 하고 좋은 일을 들추어 하례한다고 한다. 또한 『동국세시기(東國歲時記)』 원일(元日)조에는 연소한 친구를 만나면 "올해는 꼭 과거에 합격하시오.", "부디 승진하시오.", "생남 하시오.", "돈을 많이 버시오." 하는 등의 말을 하며 덕담을 나누었다고 한다.

설그림[歲畵]

조선조 말까지의 풍속으로, 설날 도화서(圖畵署: 그림에 관한 일을 맡아 보던 관서)에서 수성(壽星) 선녀와 직일신장(直日神將)을 그려서 임금에게 드리고, 또 서로 선물로 주기도 하는데, 이를 '설그림(歲畵)'이라고 한다. 이는 축수(祝壽)하는 뜻을 표시하는 것이다. 그림에 그려진 수성이란 장수를 맡은 노인성(老人星)을 말하는 것이고, 직일신장은 그날을 담당한 신인데, 이는 모두 도교의 신이다.

성 묘

성묘는 묵은해를 보내고 새해를 맞이했다는 인사를 조상의 묘에 고하는 것이다.

복조리 걸기

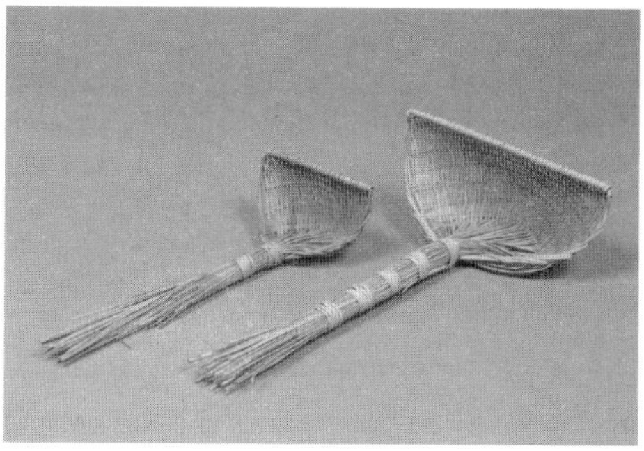

복조리는 섣달 그믐날 자정부터 설날 아침 사이에 사서 벽에 걸어 두는 조리를 말한다. 설날에 마련한 조리여서 복조리라 한다. 그믐날 자정이 되면 조리 장수가 돌아다니면서 파는데, 이때 조리를 사서 방이나 마루에 걸어 두고 사용하면 그해에 복이 들어온다고 한다. 이러한 풍속은 조리가 쌀을 이는 기구이므로 그해의 행운을 조리로 일어 취한다는 뜻에서 비롯된 것으로 볼 수 있다.

야광귀 쫓기

설날 밤이 되면 집안 식구의 모든 신발을 감추는 습속이 있다. 야광귀(夜光鬼)가 내려와 자기에게 맞는 신발을 신고 간다는 속설 때문이다. 야광귀에게 신발을 도둑맞은 사람은 그해의 운수가 나쁘다고 한다. 따라서 민가에서는 참대나 말총 등으로 만든 체를 마루 벽이나 뜰에 걸어 둔다. 그렇게 하면 야광귀가

체 구멍을 헤아리는 데 정신이 팔려 신발 훔칠 생각을 잊고 있다가, 첫 닭이 울면 그냥 가버린다고 한다.

널뛰기

널뛰기는 명절에 여자들이 즐기는 대표적인 민속놀이이다. 주로 설에 하는 놀이지만 5월 단오나 8월 한가위에 하기도 한다. 두꺼운 판자를 짚단이나 가마니 같은 것으로 둘둘 말아 가운데를 괴어 놓고, 양쪽에 한 사람씩 올라서서 번갈아 가며 발을 굴러 공중에 높이 솟아 뛰는 놀이이다.

널뛰기는 고려시대부터 비롯되었을 것으로 추측된다. 전설에 의하면 어떤 죄수의 아내가 높은 담장 저편의 감옥에 갇혀 있는 남편을 보려고 또 다른 죄수의 아내와 짜고 널을 뛰면서 담장 너머를 보았던 것에서 비롯되었다고도 한다. 또, 과거에 집 밖에 함부로 나올 수 없었던 양갓집 여인들이 항상 집 안에 갇혀 있는 것이 답답하여 널을 뛰면서 담 밖의 세상을 구경했다는 이야기도 있다.

연날리기

연날리기는 세계 곳곳에서 신분, 연령 구분 없이 즐기는 놀이이다. 섣달 그믐 무렵부터 정월 보름까지 많이 하는데, 이때가 연날리기에 가장 적당한 바람이 불기 때문이다. 다른 사람과 서로 연실을 부벼 끊는 연싸움을 하기도 하며, 질병, 사고, 흉년 등 나쁜 액운은 멀리 사라지고 복이 찾아오도록 비는 마음에서 연을 띄울 때 '송액영복(送厄迎福)' 이란 글자를 써 붙이기도 한다.

윷놀이

둥근 밤나무를 반으로 쪼개 4개의 가락으로 하는 놀이로서 윷판을 만들어 목적지까지 먼저 도착하면 이기는 놀이이다. '척사(擲柶)' 또는 '사회(柶戲)' 라고도 하며, 삼국시대 이전부터 전해 오는 고유의 민속놀이로 정월 초하루부터 보름날까지 즐긴다. 부여족 시대에 5가지 가축을 5부락에 나누어 주어 그 가축들을 경쟁적으로 번식시킬 목적에서 비롯된 놀이라고 하며, 그 연유에서 '도' 는 돼지, '개' 는 개, '걸' 은 양, '윷' 은 소, '모' 는 말에 비유한다.

(3) 설날의 음식

설날 차례 상과 세배 손님 접대를 위해 준비한 이 음식들을 통틀어 세찬(歲

饌)이라고 한다. 차례 상으로 차리는 세찬에는 떡국, 세주, 족편, 각종 전유어, 각종 과정류, 식혜, 수정과, 햇김치 등이 있다.

설날에 먹는 음식인 떡국, 세주, 전, 식혜와 수정과에 대해 구체적으로 살펴보면 다음과 같다.

떡 국

떡국은 '병탕'이라 하며, 설날에 흰 떡국을 끓여 먹는 풍습은 벼농사를 짓고 시루를 사용하던 때인 B.C 4~5세기경으로 추정할 수 있다. 『동국세시기』에 의하면, 떡국에는 흰떡과 쇠고기, 꿩고기를 썼으나 꿩을 구하기 힘들면 대신 닭을 쓰는 경우가 많았는데 '꿩 대신 닭'이란 말도 여기에서 비롯되었다고 한다.

한편, 개성 지방에서는 가래떡을 가늘게 비벼 늘여서 나무칼에 누에고치 모양으로 잘라 끓이는 조랭이 떡국이 있고, 충청도 지방에서는 쌀가루를 반죽하여 가래떡처럼 길게 늘여서 어슷썰어 떡국과 같은 방법으로 끓이는 생떡국이 유명하다. 북쪽 지방에서는 만둣국을 끓여 먹기도 한다. 새해 첫날 아침에 먹는 떡국은 병 없이 오래 살라는 의미와 나이를 한 살 더 먹었다는 의미를 담고 있다.

세 주

데우지 않은 찬술을 말하는데 이 술을 마시면 질병을 앓지 않는다고 하며, 봄을 맞이하는 뜻이 들어 있다.

전(煎)

전은 고기, 생선, 채소 등의 재료를 다지거나 얇게 저며 밀가루와 달걀로 옷을 입힌 후, 기름을 두르고 앞뒤로 지진 것이다. 따끈할 때 초장에 찍어 먹는다. 궁중에서는 '전유화(煎油花)'라 하고, '전유어'로도 불리며 민가에서는 '저냐'

또는 '전(煎)', '지짐개' 라고도 불렀다.

식혜와 수정과

식혜는 고두밥에 엿기름가루의 윗물을 넣어 따뜻한 곳에서 삭힌 후 설탕을 넣고 다시 끓여 차갑게 먹는 전통음료이다. 수정과는 곶감을 달인 물에 생강과 꿀을 넣고 끓여서 식힌 후에 건져 둔 곶감과 잣을 넣어 만든 것이다.

2) 정월 대보름

대보름이란 음력으로 정월(正月) 보름, 한자로는 도교적인 명칭인 상원(上元)이라 한다. 대보름은 그해의 첫 번째 달로 그해를 설계하고, 일 년의 운세를 점쳐 보는 달이기 때문에 농경을 위주로 한 전통사회에서는 어느 명절보다 성대하게 보냈다. 설날부터 계속되었던 근신과 휴식은 이날을 마지막으로 끝이 나고 다음날부터 농사일이 시작된다.

(1) 정월 대보름의 유래

중국에서는 한나라 때부터 대보름을 8대 축일의 하나로 중요하게 여겼고, 일본에서도 대보름을 소정월(小正月)이라 하여 신년의 기점으로 생각하였다. 이는 대보름날을 신년으로 삼았던 오랜 역법의 잔존으로서 제액초복(除厄招福)과 풍년을 기원하는 주술적 행위들로 유래되었다고 하겠다.

(2) 정월 대보름의 풍속

전통사회의 농가에서는 정월을 일을 하지 않고 쉬는 달이란 뜻으로 '노달기'

라 하며, 농군들은 휴식을 취하며 가마니 짜기 · 새끼 꼬기 · 되비 만들기 · 농기구의 제작 및 수리 등 농사 준비를 하였다. 또한 새해를 맞이하여 새로운 시간의 창조를 위한 신성의례와 건강하고 풍요로운 생활을 얻기 위해 가가호호 성의껏 각출하여 제비(祭費)를 마련하고, 정결한 사람을 제관으로 선출하여 풍요로운 생산과 마을의 평안을 축원하는 동제를 올리고 풍요와 다산을 기원하는 다양한 놀이를 하였다.

정월 대보름에는 다리밟기와 쥐불놀이가 대표적 놀이이다. 또한 줄다리기, 매서, 달맞이, 놋다리밟기, 사자놀이, 횃불싸움, 지신밟기 등의 다양한 풍속이 있었다.

다리밟기

남녀노소 할 것 없이 다리 위를 왔다 갔다 하며 자연스런 춤을 추면서 장고, 피리, 호적 등을 불며 건너다니는 놀이이다. '답교놀이' 라고도 하며, 이렇게 하면 일년 내내 다리가 튼튼해지고 건강을 유지하게 된다고 하며, 모든 액운을 물리치고 복을 비는 데 그 뜻이 있다.

쥐불놀이

쥐불놀이는 주로 남아들이 하는 것으로, 정월 대보름 하루 전인 14일 밤이 되면 동네 아이들이 횃불을 들고 깡통 안에 솔방울과 불쏘시개를 넣고 빙글빙글 돌리며 밭두렁이나 마른 잔디에 불을 붙인다. 이는 쥐구멍 속에 든 쥐를 잡고 풀에 붙은 해충을 죽이기 위한 것이다. 쥐불의 크기에 의해 그해의 풍년과 마을의 길흉을 점쳤으므로 각 마을에서는 다투어 가며 불을 크게 하려고 하였다. 그래서 다른 마을 사람들과 경쟁을 하여 이긴 편의 쥐가 진 편 마을 쪽으로 몽땅 쫓겨 가게 되어 이긴 편 마을에서는 농작물에 해를 입지 않게 된다고 한다.

줄다리기

줄다리기는 '줄당기기' 라고도 하며 주로 농촌에 전승되어 온 점세(占歲)적 농경의례(農耕儀禮)이다. 볏짚을 이용하여 암줄과 수줄을 만든 후에 마을 단위 혹은 군단위로 양편으로 나뉘어 줄을 당기게 되는데, 암줄이 승리를 해야 풍년이 든다는 믿음을 가지고 있다.

매서(賣暑)

매서는 보름날 아침 일찍 일어나 사람의 이름을 불러 상대방이 대답하면 곧 "내 더위 사가라."라고 하는 것이다. 이렇게 하여 더위를 팔면 1년 동안 더위를 먹지 않아 하절기에 건강을 유지하고 행복을 누릴 수 있기 때문이다. 성인보다는 아이들 사이에 성행되어 왔다.

달맞이

대보름날 저녁달이 동쪽으로 솟아오를 때면 사람들은 달맞이를 위하여 뒷동산에 올라간다. 솟아오른 달을 먼저 보아야 좋다고 하여 서로 앞을 다투어 동산으로 올라갔으며, 달을 보며 소원을 빌면 성취된다고 믿었다. 또한 대보름달을 보고 1년 농사를 점치기도 했는데 달빛이 희면 비가 많이 오고, 붉으면 가뭄이 들고, 흐리면 흉년이 들고, 진하면 풍년이 든다고 한다.

놋다리밟기

수십 명의 부녀자들이 한 줄로 길게 늘어서서 허리를 굽히고 앞사람의 허리를 두 손으로 껴안아 길게 사람다리를 만든다. 맨 뒷사람부터 한 명씩 순서대로 건너며 다시 놋다리를 만든다. 이는 '기와 밟기', '동교', '인다리' 등으로 불린다.

사자놀이

사자놀이는 정초부터 보름날까지 밤마다 노는데 마지막 날을 보름에 맞추기 위해 큰 마을에서 일찍 시작하고 작은 마을에서는 조금 늦게 시작한다고 한다. 마을 젊은이들이 사자탈을 쓰고 퉁소 가락에 맞춰 도청마당에서 한번 놀고 나서 집집마다 돌아다니며 놀아 준다. 집안에 풍물을 울리고 사자를 놀리면 잡귀가 물러가고 액을 막아 준다고 한다.

횃불싸움

청년들에 의해 행해지는 놀이로 보름날 저녁 준비한 횃대를 가지고 마을 뒷산에 오르기 시작하면 두 마을의 청년들 사이에서 횃불싸움이 시작된다. 상대방의 불을 많이 뺏는 쪽이 이기게 된다. 이 놀이는 보다 풍요로운 새해를 맞이하려는 소망의 표현으로 여겨진다.

지신밟기

풍농을 기원하는 풍속인 지신밟기는 정초부터 대보름 무렵에 마을의 풍물패가 집집마다 돌며 흥겹게 놀아 주고 축원해 주는 것을 말하는데, 지역에 따라서 '마당밟기', '매귀(埋鬼)', '걸립(乞粒)' 등으로 불린다. 이는 지신을 위로하며 안택초복을 비는 일종의 가장행렬의 민중놀이이다.

(3) 정월 대보름의 음식

정월 대보름에는 진채식, 오곡밥, 복쌈, 부럼, 귀밝이술, 약식 등의 음식을 먹었다. 이에 대해 구체적으로 살펴보면 다음과 같다.

진채식(陣菜食)

진채식은 호박고지, 외고지, 무고지, 가지나물, 버섯, 고사리 등 여름에 말려 둔 나물을 삶아 기름에 볶아 먹는 것이다. 진채식을 먹으면 여름에 더위를 먹지 않는다고 해서 즐겨 먹었다.

오곡밥

오곡밥은 찹쌀, 찰수수, 팥, 차조, 콩 등 다섯 가지 이상의 곡식을 섞어 지은 밥이다. 보름날에는 세 집 이상의 다른 성(姓) 집 밥을 먹어야 그 해 운이 좋다고 해서 여러 집이 오곡밥을 서로 나누어 먹기도 하였다. 또한 밥을 아홉 번 먹어야 좋다고 해서 틈틈이 여러 번 먹는다.

복쌈(福쌈)

오곡밥을 김이나 취에 싸서 먹는데 이를 '복쌈' 이라고 한다. 복쌈은 여러 개를 만들어 그릇에 노적(露積) 쌓듯이 높이 쌓아서 성주님께 올린 다음에 먹으면 복이 있다고 전해 내려온다.

부 럼

부럼은 대보름날 아침에 먹는 호두, 밤, 잣, 땅콩 등과 같이 껍데기가 딱딱한 열매를 이르는 말로서, 이런 열매들을 이로 깨문 후 '부럼 나가라' 는 소리와 함께 지붕으로 던지고 나서 보통 자신의 나이 수만큼 이로 깨서 먹는다. 이렇게 하면 일 년 내내 종기나 부스럼이 나지 않고 이가 튼튼해져서 어떤 음식이든 잘 먹게 된다고 믿었다.

귀밝이술(耳明酒)

대보름날 아침에 술을 마시면 귀가 밝아진다고 해서 모두 술을 한 잔씩 마시는데 이를 '귀밝이술' 이라고 한다. 귀밝이술은 데우지 않고 차게 해서 마시며, 일설에서는 귀가 밝아질 뿐만 아니라 일 년 동안 좋은 소식을 듣는다고도 전한다.

약 식

대보름날 약식을 먹는 유래는 신라 21대 소지왕의 고사에서 까마귀를 약식으로 제사 지내는 민속이 생겨 오늘날까지 전해 내려온다고 한다. 14일 밤이나 15일에 만드는데, 찹쌀, 대추, 밤, 꿀, 잣을 섞어 쪄서 만든다.

3) 한 식

한식(寒食)은 동지 후 105번째 되는 날로서 '청명(淸明節)' 이라고도 하며, 설날, 추석, 단오와 함께 우리나라 4대 명절 중 하나이다. 대개 양력으로 4월 5일, 6일경 되는 한식에는 조상의 묘에 음식을 올리고 차례를 지내고 묘를 손질한다. 농가에서는 이날부터 농사가 시작된다고 생각한다.

(1) 한식의 유래

한식은 중국에서 만들어진 날인데, 중국 고사에 이날은 비바람이 심하여 불을 금하고 찬밥을 먹는 습관에서 유래했다는 설과, 다른 하나는 개자추 전설(介子推 傳說)에서 유래했다는 설이 있다. 그 내용은 다음과 같다.

> "…진나라 문공(文公)의 망명시(亡命時)에 자기희생으로 문공을 도와 준 개자추였지만, 진문공의 무심함에 잊혀진 개자추는 금산(錦山)으로 은둔하게 되고, 뒤늦게 후회한 진문공이 개자추를 부르지만 그는 내려오지 않았다. 개자추를 내려오게 하려는 일념으로 산에 불을 질렀지만 개자추는 검은 재로 변했을 뿐이었다. 뉘우친 진문공은 그의 영혼을 위로하기 위해 매년 이 날이 되면 모든 나라에서 불을 사용하지 않고 찬밥을 먹으라는 명령을 내렸다는 고사로 전해져 온다…"

이맘때면 날씨가 건조해져 불이 나기 쉬우므로 각별히 조심하라는 뜻에서도 찬밥과 관련된 설화가 만들어진 듯하다.

한식은 유래에서 나타난 것처럼 고대에 불을 숭배하고 존중하던 풍습에서 생겨난 것으로 보인다. 그래서 조선시대에는 한식이 되면 버드나무로 불을 지펴 임금에게 바치고 임금은 이를 각 관청과 관리들의 집에 나누어 주기도 하였다. 또한 추위가 가시고 본격적으로 봄이 시작되는 때에 들기 때문에 농사일이 곧 시작됨을 알리는 날이기도 했다.

속담에 한식날 천둥이 치면 그해에는 흉년이 들 뿐만 아니라 나라에도 불행이 닥친다는 말이 있어, 이날 날씨가 나쁘면 모두들 걱정을 하기도 했다.

(2) 한식의 풍속

한식에는 절사와 개사초 등의 풍속이 있었다. 이들에 대해 구체적으로 살펴보면 다음과 같다.

절사(節祀)

종묘와 각 능원에 제향을 지내고, 민간에서도 조상의 묘전에 술, 과일, 포, 식혜, 떡, 국수, 탕, 적 등의 제물을 차려 놓고 제사를 지내는데, 이를 '절사'라고 한다.

개사초(改娑草)

여러 가지 주과(酒果)를 마련하여 성묘를 하기도 한다. 이때 조상의 묘가 헐었으면 떼를 다시 입히고 봉분을 개수하기도 하는데, 이를 '개사초(改莎草)'라고 한다. 그러나 한식이 음력 2월에 들면 사초를 하지만, 음력 3월에 한식이 들면 사초를 하지 않는 것이 관례이다.

(3) 한식의 음식

한식에는 찬밥, 쑥탕과 쑥떡을 먹는다. 이들에 대해 구체적으로 살펴보면 다음과 같다.

찬 밥

임금이 청명 날 새 불을 일으켜 뭇 신하와 고을 수령에게 나누어 주면, 수령은 다시 백성들에게 나누어 준다. 그래서 한식 날 묵은 불을 끄고 하루 동안은 불 없이 지내며 찬 음식, 즉 한식(寒食)을 먹는다고 한다. 이 하나의 불로써 온 나라의 군신백성은 일체감을 갖게 된다는 것이다.

쑥탕과 쑥떡

민간에서는 한식 날을 전후하여 쑥탕과 쑥떡을 해 먹었다. 쑥탕은 끓는 물에 된장과 소금으로 간하고 조개를 씻어 넣고 다시 펄펄 끓으면 어린 쑥을 넣어 먹는 것이고, 쑥떡은 어린 쑥을 절구에 찧고 찹쌀가루에 버무려 쪄서 만든 것이다.

4) 단 오

단오는 음력 5월 5일을 이르며, 일명 수릿날(戍衣日 · 水瀨日), 천중절(天中節), 중오절(重午節), 단양(端陽)이라고도 한다. 천중절이라는 이름은 이날의 해가 일 년 중 가장 또렷하고, 또한 정오 때가 되면 하늘의 가운데에 온다고 하여 옛사람들이 붙여 준 이름이다. 아마도 이날이 하지(夏至) 가까이에 있는 날이기 때문에 옛날 천문과학 지식이 부족했던 때, 이날을 태양의 절정기로 여겼을 것이라 추측된다.

단오는 한창 바쁜 봄철의 모내기와 씨뿌리기가 끝나 모처럼 한숨을 돌리며 여유를 가져 보며, 다가올 여름을 준비하는 시간이었다.

(1) 단오의 유래

옛날에는 홀수가 겹쳐지는 날에 큰 힘이 있다고 생각했다. 그래서 5가 겹쳐지는 단옷날은 마침 여름의 초입이기도 하여서, 태양의 빛과 열이 가장 강할 것이라고 생각하여 농사의 풍년을 비는 제사도 이날 지냈던 것이다. 원래 단오를 명절로 지내는 풍습은 고대 중국에서 비롯된 것이다.

단오의 유래에 대해 중국과 우리나라의 유래로 나누어 살펴보면 다음과 같다.

중 국

◎ 시절전래설(時節傳來說)

문헌에 의하면 고대 한(漢)나라 때부터 단오 풍속의 기록이 있는데, 일반적으로 5월 5일의 풍속이 생겨난 것은 비가 많이 내리기 시작하는 5월을 맞아 악질(惡疾)이나 액(厄)을 방지하기 위해 다양한 예방 풍속이 생겨난 것으로 보인다. 약초나 창포와 같이 향이 강한 풀로써 액을 예방하는 차원에서 명절로 전해졌다.

◎ 굴원고사설(屈原故事說)

전국시대 초(楚)나라의 충신이었던 시인 굴원이 자신의 충절(忠節)을 알아 주지 않는 임금을 그리면서 유배지의 멱라수에 몸을 던져 죽은 날이 5월 5일이었기에 그를 기리는 뜻으로 대나무 통에 쌀을 넣고 소태나무 잎으로 싸서 물 속에 던지던 풍속이 대나무 잎에 싸서 찐 떡을 먹는 풍속으로 변하여 발전된 것으로 보인다.

우리나라

수릿날이라고 부르게 된 유래는 조선 후기에 간행된 『동국세시기(東國歲時記)』 5월조의 기록에 전한다. 그 기록에 의하면 이날 쑥떡을 해 먹는데, 쑥떡의 모양이 수레바퀴처럼 만들어졌기 때문에 '수리'란 명칭이 붙었다고 한다. 하지만 단오절이 대표 명절이 된 것은 좋은 기후의 계절에 양수(陽數) 중복의 날이라는 특성으로 인해 굳어진 것으로 보는 것이 보다 타당한 것으로 전해진다.

또 수리란 고(高)·상(上)·신(神) 등을 의미하는 우리의 고어(古語)인데, '신의 날', '최고의 날'이란 뜻에서 불리어졌다고 한다. 이것은 모내기 파종을 끝맺는 5월이면 군중들이 모여 하늘의 신에게 제사를 지내고 가무와 음주를 즐겼다는 『삼국지』 위지(魏志) 한전(韓傳) 중 마한(馬韓)의 기록에서 농경의 풍작을 기원하는 풍속으로 정착되었음을 알 수 있다.

(2) 단오의 풍속

단오에는 창포를 삶은 물에 머리를 감는 단오장, 단오제, 단오선, 대추나무 시집 보내기 등의 풍속과 그네뛰기, 씨름 등의 놀이를 하였다.

단오장(端午粧)

전통사회에서 농가의 부녀자들은 창포 뿌리를 잘라 만든 비녀를 머리에 꽂아 두통과 재액(災厄)을 막고, 창포를 삶은 물에 머리를 감아 윤기를 더하였다. 또 단옷날 새벽 상추 잎에 맺힌 이슬을 받아 분에 개어 얼굴에 발라 버짐이 피지 않고 피부가 고와지도록 하였다.

한편, 남자들은 단옷날 창포 뿌리를 허리에 차고 다니는데, 이는 벽사의 효험을 기대하는 믿음에서 비롯되었다.

단오제

단옷날 강릉에서는 대관령 서낭신을 모셔다가 성대하게 제사를 지내는 단오제가 있다. 이는 향토 제사로서 전설에 의하면, 고려 태조 왕건이 신검을 토벌하다가 위기에 처했을 때 두 명의 중이 나타나 구해 준 일이 있어 이때부터 대관령의 서낭에 제사를 지내는 단오제가 시작되었다. 서낭제의 고비에 이르는 5월 4일과 단옷날에는 가면놀이가 벌어진다. 이 가면놀이는 무언극이라는 점이 또한 특이하다. 단오제의 목적은 대관령 산길의 안전과 풍작과 풍어를 비는 것으로, 영동에서 규모가 제일 큰 것이기도 하다.

단오선

단오 무렵이 되면 더위가 시작되어, 부채를 사용하게 된다. 옛날 단옷날이면 임금님이 시종들에게 부채를 하사하였는데, 이것을 단오선이라고 한다. 동짓날 달력을 선물하는 것과 함께 '하선동력(夏扇冬曆)' 이라는 풍속이 생겨났고, 사람들은 부채를 선물하면서 올해도 더위를 타지 말고 건강하라는 소망도 함께 선물했다.

대추나무 시집 보내기

농가에서는 대추 풍년을 기원하기 위하여 대추나무 가지 사이에 돌을 끼워 놓았다.

그 외에도, 단옷날 중에서도 오시(午時 : 오전 11시~오후 1시)를 가장 양기가 왕성한 시각으로 생각하여 전통사회의 농가에서는 약쑥, 익모초, 찔레꽃 등을 따서 말려 두었다. 말려 둔 약쑥은 농가에서 홰를 만들어 일을 할 때에 불을 붙여 놓고 담뱃불로도 사용하였다. 오시에 뜯은 약쑥을 한 다발로 묶어서 대문 옆에 세워 두면 재액을 물리친다고도 믿었다.

그네뛰기

여자들 사이에 성행하는 놀이로 전국에 고루 분포되어 있다. 그네뛰기에 대한 기록이 '고려사 열전 최충헌전' 에 있는 것으로 보아 아주 오래 전부터 전해 내려오는 것으로 여겨진다. 고려시대에는 왕궁을 중심으로 한 귀족사회에서 호화롭게 성행된 놀이였던 반면 조선시대에는 상류층 여인들에게는 금지된 놀이였다. 따라서 조선시대의 그네뛰기는 주로 서민층의 젊은 여인네들의 놀이였다.

그네는 재미로 뛰기도 하지만, 누가 더 높이, 더 많이 뛰는가 상품을 걸고 겨루기도 한다. 누가 그네를 제일 높이 뛰는가를 재기 위해 장대 위에 방울을 달아 그네 뛰는 사람에게 발로 차도록 한다. 처음에는 방울을 그네 가까이 낮게 달았다가, 점점 멀고 높이 달아 놓는다. 나중에는 방울이 아주 높고 멀리 달려 있게 되어, 마지막으로 그 방울을 차서 소리를 낸 사람에게 상이 돌아가게 되는 것이다.

씨 름

여자의 그네뛰기와 쌍벽을 이루는 대표적인 남성들의 놀이로 씨름대회가 있다. 씨름은 고구려시대의 무용총 벽화에도 나타나 있는 것으로 보아, 우리나라 고유의 놀이며, 이것이 중국과 몽골에까지 전해져 중국인들은 씨름을 고려기(高麗技)라고 불렀다고 한다.

씨름대회에서 이기는 사람에게는 관례로 황소를 상품으로 주는데, 경기 방식은 요즘과 같이 토너먼트가 아니라 도전자들을 모두 이겨 상대자가 없게 되면 우승을 하게 된다. 이 우승자를 '판막음' 또는 '도결국(都結局)' 이라고 부른다.

(3) 단오의 음식

단오에는 쑥떡과 수리취떡, 제호탕, 앵두편과 앵두화채 등을 먹는다. 이에 대해 구체적으로 살펴보면 다음과 같다.

쑥떡과 수리취떡(차륜병)

단옷날에는 어린 쑥잎을 뜯어다 짓이겨, 멥쌀가루 속에 넣고 반죽하여 수레바퀴 모양의 푸른 빛 감도는 떡을 만들어 먹었다. 또한 멥쌀가루에 수리취의 어린 잎을 섞어 찐 수리취떡을 만들어 먹었다.

제호탕

제호탕은 한약재를 꿀에 섞어 달인 약으로 더위가 심한 여름철 건강을 유지하는 데 사용한 약이면서도 청량음료이다. 백청(꿀)을 끓여서 오매말, 백단향, 축사, 초과를 가루로 하여 넣은 것이다. 단오절부터 여름 내내 시원한 냉수에 타서 마시면 더위를 타지 않고 갈증을 없앤다고 하였다. 궁중의 내의원에서는 제호탕을 만들어 왕께 바치면 신하에게 하사하여 여름 더위를 막도록 해 주었다. 또한 옥추단은 일종의 구급약으로 여름철 곽란이 났을 때 물에 타서 마셨다.

앵두편과 앵두화채

앵두편은 앵두(모과, 살구)를 살짝 쪄서 굵은 체에 걸러 살만 발라 설탕을 넣고 졸이다가 녹말을 넣어 굳힌 것이다. 앵두화채는 단옷날 민가에서 즐겨 만들어 먹는 청량음료이다. 앵두를 설탕이나 꿀에 재웠다가 오미자 국물에 넣고 실백을 띄워 먹는다.

5) 칠 석

음력 7월 7일을 칠석(七夕)이라 한다. 칠석은 견우(牽牛)와 직녀(織女)가 까

막까치들이 놓은 오작교에서 한 해에 한 번씩 만난다는 고대 중국의 전설에서 유래된 날이다. 우리나라에서는 고려 31대 공민왕이 몽고 왕후와 더불어 내정에서 견우성과 직녀성에게 제사를 지냈고, 또 배관들에게 녹을 주었다고 한다.

한편, 각 가정에서는 몇 가지의 나물과 떡 그리고 정화수 등 간단한 음식을 준비하여 장독대나 우물가에 제단을 만들어 올리고 칠성신에게 가족의 수복(壽福)을 빌었다. 아낙네들은 길쌈 솜씨나 청년들의 학문 연마를 위해 밤하늘에 별을 그리며 소원을 빌곤 하였다.

(1) 칠월 칠석의 유래

견우와 직녀는 너무나 사랑하는 사이였는데, 옥황상제의 노여움으로 은하수의 양 끝인 견우성과 직녀성에 살게 되면서 일 년에 한 번 칠석 전날 밤에 만날 수 있었다. 그러나 너무나 큰 은하수 강이 가로막아 두 사람은 건너편에서 서로 바라볼 수밖에 없었다. 이 남녀의 슬프고도 애틋한 사랑에 감복한 까치와 까마귀들이 은하수로 날아가 다리가 되어 주었는데 이 다리를 '오작교(烏鵲橋)' 라 부른다. 견우와 직녀는 오작교를 건너 만났지만 새벽 동이 트면 또다시 이별을 해야 하며, 이들은 또 슬픈 일 년을 보내야 했다.

이러한 전설과는 달리 실제 천체(天體)의 운행에서는 견우성과 직녀성의 각 거리가 가까워지는 것은 아니고, 단순하게 견우성과 직녀성이 이맘때 즈음에 초저녁 하늘 가운데 뜨기 때문에 시야에 가득 들어오고 7월 7일이 양수(陽數)가 겹치는 왕성한 날이기에 애절한 견우직녀 전설과 함께 어울려 늦여름의 행사로 정착했다는 설도 있다.

(2) 칠월 칠석의 풍속

칠석에는 여자들이 길쌈을 더 잘할 수 있도록 직녀성에게 비는 칠성제와 더불어 기우제, 거풍(擧風) 등의 풍속이 있었다.

칠성제

칠성제는 칠석날 새벽에 부녀자들이 참외, 오이 등의 초과류(草菓類)를 상 위에 놓고 절을 하며 여공(女功 : 길쌈질)이 늘기를 비는 것이다. 잠시 후에 음식상 위에 거미줄이 쳐져 있으면 하늘에 있는 선녀가 소원을 들어 주었으므로 여공이 늘 것이라고 기뻐한다.

혹은 처녀들이 장독대 위에 정화수를 떠 놓은 다음, 그 위에 고운 재를 평평하게 담은 쟁반을 올려놓고 바느질 재주가 있게 해 달라고 비는데, 다음날 재 위에 무엇이 지나간 흔적이 있으면 영험이 있다고 믿었다.

이러한 풍속은 직녀를 하늘에서 바느질을 관장하는 신격으로 여기는 믿음에서 비롯되었으나 원래는 칠석날 밤에 궁중이나 민가의 부녀자들이 바느질감과 과일을 마당에 차려 놓고 바느질 솜씨가 있게 해 달라고 널리 행하던 중국 한대(漢代) 걸교(乞巧)의 풍속을 따른 것이다.

이 풍속은 당대(唐代)에 와서 주변 민족들에 전파되었지만 우리나라의 칠석 풍속은 중국과는 달리, 각 가정에서 밀전병과 햇과일을 차려 놓고, 부인들은 장독대 위에 정화수를 떠 놓고 가족의 무병장수와 집안의 평안을 기원하기도 했다.

기우제

기우제는 여름에 가뭄이 계속되면 비를 내려 달라고 하늘에 제사를 지내는 것이다. 옛날에는 비가 오지 않는 것이 인간의 죄 때문이라고 생각해서 임금이 스스로 기우제를 지내는 일이 있었다.

거풍(擧風)

거풍은 무병장수의 기원과 함께 축축해진 의복이나 책에 곰팡이가 생기지 않게 바람을 쐬는 풍속이다. 책과 관련된 날이라서 글 공부하는 서당 소년과 선비들은 견우성와 직녀성을 두고 시를 짓거나 공부 잘할 것을 빌기도 하였다.

(3) 칠석의 음식

칠석의 절식으로는 밀국수와 밀전병, 과일 화채 등이 있다. 칠석이 지나고 찬 바람이 일기 시작하면 밀가루 음식은 철 지난 것으로서 밀 냄새가 난다고 하여 꺼렸다. 이들에 대해 구체적으로 살펴보면 다음과 같다.

밀전병

밀가루를 체에 쳐서 묽게 반죽한 것에 곱게 채 썰은 호박을 넣고 기름에 지져서 양념장에 찍어 먹는다.

밀국수

긴 여름 해에 쌀과 보리가 동이 나면 미역국을 끓여 반죽한 밀가루를 떼 넣어 별미로 먹었다.

과일화채

제철에 나오는 복숭아, 수박으로 화채를 만들어 먹었다.

6) 추석(한가위)

추석은 음력 8월 15일로서 우리나라 4대 명절의 하나이다. 추석이라는 말은 가을의 저녁이란 뜻으로 '한가위', '중추절(仲秋節)' 또는 '중추가절(仲秋佳節)' 이라고 한다. 추석은 바쁜 농사일이 끝나 일 년 동안 곡식과 과일을 추수하여 오곡백과가 풍성하며, 시간의 여유가 생겨 사람들의 마음이 넉넉해졌을 때 맞는 명절이기 때문에 설보다도 더 크게 쇠는 명절이다.

추석은 하루 전인 14일 밤에 송편을 빚는 것에서부터 시작되어 추석 당일에는 새 옷으로 갈아입고 집집마다 햇곡식으로 만든 술과 햅쌀 떡에 햅쌀밥을 지어 조상에 제사 지내며, 선조의 산소에 성묘한다.

(1) 추석의 유래

추석의 기원이나 유래에 대해 정확히 알 수는 없지만, 고대로부터 있어 왔던 달에 대한 신앙에서 그 뿌리를 짐작할 수 있다. 고대사회에 있어 날마다 세상을 밝혀 주는 태양은 당연한 존재로 여겼지만, 한 달에 한 번 만월(滿月)을 이루는 달은 고마운 존재였다.

밤이 어두우면 맹수의 접근도 알 수 없고 적의 습격도 눈으로 볼 수가 없기에 인간에게 있어 어두운 밤은 두려움과 공포의 대상이었다. 그래서 만월 아래에서 축제를 벌이게 되었다. 『삼국사기』에 잘 나타나 있는 한가위의 기원은 아래와 같다.

"신라 제3대 유리왕(儒理王) 9년(서기 32년)에 왕이 6부를 정하고 왕녀 두 사람으로 하여금 각각 부내(部內)의 여자들을 거느리게 하여 두 패로 가른 뒤, 편을 짜서 7월 16일부터 날마다 6부의 뜰에 모여 길쌈을 하는데, 밤 늦게야 일을 파하고 8월 15일에 이르러 그 공이 많고 적음을 살펴 지는 편은 술과 밥을 장만하여 이긴 편에게 사례하고, 이에 온갖 유희가 일어나니 이것을 가배(嘉俳)라 한다"고 하였고, 또 "이때 진 편의 한 여자가 일어나 춤을 추면서 탄식하기를, 회소회소(會蘇會蘇)라 하여 그 음조가 슬프고 아름다웠으므로 뒷날 사람이 그 소리로 인하여 노래를 지어 이름을 회소곡(會蘇曲)이라 하였다"라고 기록되어 있다.

(2) 추석의 풍속 및 놀이

추석에 행해지는 세시풍속으로는 벌초(伐草)와 성묘(省墓), 차례(茶禮), 소놀이, 거북놀이, 강강술래, 원놀이, 가마싸움, 올게심니 등이 있다.

벌초와 성묘

조상의 묘에 성묘를 갈 때 낫을 갈아 가지고 가서 여름 동안 무성하게 자란 잡초를 베어 주는 것을 '벌초'라고 한다. 벌초를 하는 것을 자손의 효심 표현과 도리로 여겼다.

차 례

추석에 차례를 지낼 때는 밥을 준비하며, 제물은 햇곡식과 햇과일로 만들어 올린다.

소놀이

먼저 마을 사람들로 구성된 농악대가 풍물을 울리면 마을 사람들이 하나 둘 모여든다. 상쇠의 선도에 따라 한바탕 신나게 풍물을 울리며 어우러져 놀다가 소놀이를 시작한다. 두 사람이 허리를 굽히고 그 위에 멍석을 뒤집어 씌우며 뒷사람은 큰 새끼줄로 꼬리를 달고, 앞사람은 막대기 두 개로 뿔을 만들어 소의 시늉을 한다.

농악대와 마을 사람들은 소를 끌고 그 마을에서 가장 부농집이나 그해에 농사를 가장 잘 지은 사람의 집으로 찾아간다. 대문 앞에서 "소가 배가 고프고 구정물을 먹고 싶어 왔으니 달라"고 외치면 주인이 나와서 일행을 맞이한 후 술과 떡과 찬을 차려 대접한다. 마을 사람들은 한참 놀다가 다시 소를 끌고 다른 집으로 향한다. 이렇게 여러 집을 찾아가 해가 질 때까지 어울려 논다.

소놀이를 할 때는 당년에 농사를 가장 잘 지은 집 머슴을 상머슴으로 뽑아 소등에 태우고 마을을 돌며 시위하는 경우도 있다. 농사를 천하의 대본으로 여겨온 농경민족에게 있어 농사를 잘 지어 풍작을 거두게 하였다는 것은 큰 공이니, 위로하고 포상하는 뜻에서 소에 태우는 영광을 주는 것이다. 한 번 상머슴으로 뽑히면 다음해 머슴 새경을 정할 때 우대를 받게 된다.

거북놀이

수숫대, 짚, 대나무 등으로 거북 모양을 만들고 두 사람이 앞뒤에 들어가 거북 시늉을 하며 집집마다 찾아다닌다. 거북몰이가 앞장서서 집으로 들어가 집마당을 한 바퀴 돌며 춤을 추고, 먹을 것을 얻어먹은 뒤에 다음 집으로 간다.

강강술래

우리나라 놀이 중 가장 정서적이면서도 율동적인 놀이이다. 그 유래가 확실하게 나와 있지는 않지만, 가장 유력한 설은 충무공과 관련된 설이다. 충무공은 왜군의 규모가 월등히 커서 맞서기 어렵게 되자 아낙네들을 모아 수십 명씩 무리를 지어 산봉우리를 돌게 하여, 멀리 떨어져 있는 왜군에게 마치 수만의 대군이 산봉우리를 내려오는 것처럼 보이게 하여 왜적을 물리쳤다고 한다. 놀이 방법은 많은 여인네들이 서로 손을 맞잡고 둥그렇게 원을 지어 빙빙 돌아가며 노랫소리에 맞추어 춤을 추고, 노래는 목소리가 빼어난 사람의 앞소리에 따라 나머지 사람들이 소리로 받는다. 처음에는 느린 가락의 진양조에 맞추어 춤을 추다가 점점 중모리, 중중모리, 자진모리 등으로 변하며, 춤추는 동작도 빨라진다.

원놀이 · 가마싸움

옛날 서당 교육은 훈장을 초빙해서 가르치는 것이었다. 명절이 되면 훈장도 고향에 가서 차례 성묘를 하게 되므로 서당은 며칠을 쉬게 되고 학동들은 자유롭게 놀 수가 있었다. 이럴 때에 학동들은 원놀이와 가마싸움을 한다.

원놀이란 학동들 중에서 공부를 많이 했고 재치 있는 사람을 원님으로 선발하고 나머지 학동들은 백성이 되어 원님께 소장을 내어 그 판결을 받는 놀이인데, 오늘날의 대학에서 행해지는 모의재판과 그 성격이 유사하다. 이때에 현명하고 지혜로운 원님은 사건을 잘 해결하지만 서투른 원님은 백성들의 놀림감이 된다. 장차 과거에 등과해서 벼슬을 하고 백성을 다스려야 할 학동들의 놀이로서는 매우 적격이었다.

가마싸움은 가마를 만들어 이웃마을 학동들과 또는 이웃 서당의 학동들끼리 대결을 하는 놀이이다. 가마를 끌고 넓은 마당에 나아가 달음질해서 가마끼리 부딪쳐 부서지는 편이 지게 되는데 이긴 편에서 당년에 등과가 나온다고 한다.

올게심니

올게심니는 추석을 전후해서 잘 익은 벼, 수수, 조 등 곡식의 이삭을 한 줌 베어다가 묶어 기둥이나 대문 위에 걸어 두는 것을 말한다. 올게심니를 할 때에는 주찬(酒饌)을 차려 이웃을 청해서 주연을 베풀기도 한다. 올게심니한 곡식은 다음해에 씨로 쓰거나 떡을 해서 사당에 천신하거나 터주에 올렸다가 먹는다. 다음해에 풍년이 들게 해달라는 기원의 뜻이 담겨 있다.

(3) 추석의 음식

추석은 시기적으로 곡식과 과일 등이 풍성한 때로서 주로 송편, 토란탕, 신도주(햅쌀로 빚은 술) 등의 음식을 먹는다. 이들에 대해 구체적으로 살펴보면 다음과 같다.

송 편

한 해 동안 농사지은 곡식을 거둬 송편을 빚었다. 햅쌀에 햇콩, 햇밤 등을 넣어 빚었으며, 송편을 한글로 바꾸면 '솔 떡'이 되는데 이는 송편을 찔 때 솔잎을 깔고 찌기 때문이다. 아무리 가난한 사람이라도 추석에는 떡을 빚어 나눠 먹었다고 해서 속담 중에 "1년 열두 달 365일 더도 말고 덜도 말고 한가위만 같아라"라는 말도 생겼다. 송편을 예쁘게 잘 빚어야 시집을 잘 간다고 하기도 한다.

토란탕

토란은 추석 절기부터 나오기 시작하며, 추석에는 이를 이용해 국을 끓여 먹었다.

신도주(新稻酒)

추석 술은 백주(白酒) 또는 햅쌀로 빚었기 때문에 신도주(新稻酒)라고 한다. 또 이때의 가장 넉넉한 안주는 봄에 알을 깬 병아리가 자란 황계(黃鷄)이다.

7) 동 지

동지는 24절기의 하나로서 음력에는 11월에 들고, 양력으로는 12월 22일 경이다. 이날은 일 년 중에 밤이 가장 길고 낮이 가장 짧은 날로 민가에서는 '아세(亞歲)' 라고 한다. 동지는 음력 11월 초순에 들면 '애동지' , 중순에 들면 '중동지' , 그믐께 들면 '노동지' 로 시기에 따라 달리 부른다.

(1) 동지의 유래

고대부터 동지는 태양이 죽음으로부터 부활하는 날로 생각하고 경사스럽게 여겨 축제를 벌이고 태양신에게 제사를 지냈다. 중국 주나라 때에는 이날을 새해가 시작되는 설로 잡아 동지를 '작은 설' 이라고도 하였다. 우리나라에서도 '동지를 지나야 한 살 더 먹는다' 또는 '동지팥죽을 먹어야 한 살 더 먹는다' 라는 옛말이 전해지기도 한다.

(2) 동지의 풍속

동짓날에는 팥죽을 쑤어 먹고, 책력 선물하기, 청어청신 등의 풍속이 있었다.

책력 선물하기

조선시대에는 동지가 되면 관상감(觀象監)에서 새 달력을 만들어 궁궐에 올렸다. 임금은 여기에 옥새(玉璽)를 찍어 신하들에게 나누어 주었다. 각 관청에서도 책력을 나누어 주고, 각자 자신과 친분 있는 사람들에게 나누어 주었다.

청어천신(青魚薦新)

궁중과 일반 사대부 집안에서는 청어를 사당에 올리는 '청어천신'을 하였다. 이는 청어가 푸른빛을 내기 때문에 새롭고 신선한 음식을 조상에게 올리려는 후손들의 정성어린 풍속이다.

(3) 동지의 음식

동지에는 동지팥죽과 새알심, 냉면을 먹는다. 이들에 대해 구체적으로 살펴보면 다음과 같다.

동지팥죽과 새알심

동짓날에는 어느 가정이나 팥죽을 쑨 뒤 찹쌀로 만든 새알심을 나이 수대로 넣어 먹는데, 여기서 "동지팥죽을 먹어야 한 살 더 먹는다"라는 옛말이 비롯되었다. 또한 팥죽을 제상에 올리며 대문이나 벽에 뿌리면 팥죽의 붉은 색이 귀신을 쫓는다고 믿었다. 이렇게 뿌린 뒤 팥죽을 먹었으며, 이로써 마음속의 사악함도 없애고 새로운 한 해를 시작한다고 여겼다.

동짓날 팥죽을 쑨 유래는, 중국의 『형초세시기』에 의하면, 공공씨(共工氏)의 망나니 아들이 동짓날 죽어서 역신(疫神, 전염병 귀신)이 되었다고 한다. 그 아들이 평상시에 팥을 두려워하였기 때문에 사람들이 역신을 쫓기 위하여 동짓날 팥죽을 쑤었다는 것이다. 전염병이 유행할 때에 우물에 팥을 넣으면 물이 맑아지고 질병이 없어진다고 믿었으며, 사람이 죽으면 팥죽을 쑤어 상가에 보내어 악귀를 쫓는다고 여겼다.

냉 면

현대 사계절 별미 음식으로 자리 잡은 냉면은 본래 동짓달의 시절 음식에서 출발한 것이다. 메밀국수를 무김치나 배추김치에 말아 돼지고기를 넣어 만드는데, 특히 잡채, 배, 밤, 쇠고기, 돼지고기 썬 것과 기름과 간장을 메밀국수에 넣은 것은 골동면(骨董麵)이라 한다.

앞에서 살펴본 우리나라의 세시 풍속을 정리하면 다음 〈표 2-2〉와 같다.

〈표 2 - 2〉 우리나라의 고유 명절

명 칭	음 식	풍속 및 놀이
설 날 (음 1월 1일)	떡국, 세주, 족편, 각종 전유어 및 과정류, 식혜, 수정과, 햇김치	청참, 오행점, 윷놀이, 연날리기, 널뛰기, 차례, 세배, 덕담, 성묘
정월 대보름 (음 1월 15일)	진채식, 오곡밥, 복쌈, 부럼, 귀밝이술, 약식	매서, 달맞이, 지신밟기, 쥐불놀이, 다리밟기, 놋다리밟기, 사자놀이, 횃불싸움
한 식 (4월 5, 6일)	찬밥, 쑥탕과 쑥떡	한식차례, 개사초
단 오 (음 5월 5일)	수리취떡, 약떡, 제호탕, 앵두편과 앵두화채	그네뛰기, 씨름, 단오차례, 단오제, 단오선

명 칭	음 식	풍속 및 놀이
칠월칠석 (음 7월 7일)	밀전병, 밀국수, 과일화채	칠성제, 기우제
한가위 (음 8월 15일)	송편, 토란탕, 신도주	강강술래, 거북놀이, 소놀이, 원놀이, 가마싸움, 차례, 벌초, 올게심니
동지 (11월 22, 23일)	동지팥죽과 새알심, 냉면	책력, 청어천신

3

전통의복

3장

1. 전통의복이란 무엇인가

전통의복이란 '한복(韓服)' 으로도 부르며, 한국인들이 널리 입어 온 고유의 옷을 통틀어 이르는 말이다(국립국어연구원, 2002). 주로 짧은 저고리와 긴 치마의 여자 옷, 저고리와 넓은 바지의 남자 옷을 말한다.

우리 옷은 아한대성 기후로 삼한 사온이 계속되는 자연 조건과 북방 유목민 계통의 문화요소가 결합되어 있다. 그래서 속옷부터 겉옷인 두루마기에 이르기까지 몸을 싸는 형식으로, 저고리와 바지가 떨어져 있고, 앞이 트여 있는 활동적인 옷이다.

오랫동안 한복은 시대에 따라 저고리 길이, 소매통 넓이, 치마폭이 약간씩 달라질 뿐, 큰 변화는 없었다. 현재 한복의 모양은 조선시대에 입던 옷을 따르고 있다. 한복은 실크나 면, 모시로 주로 만들어졌으며, 나이와 사회적 지위, 계절에 따라 고름이나 소매통에 색상의 변화가 있어 신분의 차이가 조금 나타날 뿐 시골 아낙이든 양반 마님이든 한복의 모양은 같았다.

이렇듯 오랜 역사를 통하여 형성된 한복은 다른 민족들의 복식에서는 찾아볼 수 없는 독특한 형태로 우리 전통문화를 위해 기본적인 형태를 계승시켜 왔다. 한복은 형태나 구성, 아름다움, 재질, 위생적인 면에서 그 뛰어난 특색을 자랑하고 있다(인터넷 자료 : 우리의 한복 http://user. chollian.net/~kjg0520/main01.htm).

2. 한복의 역사

우리나라 사람들이 언제부터 옷을 입었는지 정확하게 알 수는 없으나 구석기 시대 초기에는 짐승의 털가죽 · 풀 · 나무껍질 등으로 몸을 가리다가, 점차 나무 막대기나 뼈송곳 등으로 구멍을 뚫어 질긴 칡 · 나무껍질 · 짐승의 힘줄 등을 연결하여 원시적인 소박한 형태의 옷을 지어 입기 시작했을 것으로 추측된다(차용준, 2000).

신석기시대의 유적에서 발견된 재봉용 뼈바늘(골침)과 물레, 몸을 장식하던 귀걸이, 팔찌 등을 보면 원시적인 베틀을 사용하여 천을 짜고 실과 바늘을 이용하여 옷을 지었으며, 단추나 몸치장에도 관심을 기울였음을 알 수 있다.

청동기시대에는 천을 짤 수 있었으므로 기본적인 의복의 형태를 갖추었을 것으로 여겨진다. 철기시대에는 다양한 종류의 천을 짰으며, 연맹국들이 각각의 복식 예의를 갖추었을 정도로 복식문화가 상당히 발전되었다. 당시의 의상과 장신구 등에서 그 당시 사람들의 미의식을 엿볼 수 있다(인터넷 자료 : 한국 전통의상과 장신구 www.juyada.mchol.com).

우리나라의 전통의복을 시대적 흐름에 따라 살펴보면 다음과 같다.

1) 삼국시대

삼국시대에는 고구려 고분벽화의 인물상에서 볼 수 있듯이 기본 형식은 삼국이 모두 같았다. 남자 옷차림으로 저고리 · 바지 · 겉옷 · 머리쓰개 · 신발 · 허리띠 · 버선 · 행전 · 토수 · 치렛거리 등이 있었으며, 여자 옷차림으로는 저고리 · 바지 · 치마 · 겉옷 · 머리쓰개 · 신발 · 치렛거리 등이 있었다(차용준, 2000). 저고리 · 바지 · 겉옷은 성별 · 나이에 따른 차이가 없었으며, 저고리는 남녀 모두 엉덩이까지 내려오게 길게 만들었고, 왼쪽으로 여며 입고 소매는 모두 통소매였다. 바지는 오늘날의 양복바지 모양의 가랑이가 좁은 홀태바지 형이며, 겉옷은 저고리 모양으로 무릎까지 내려갈 정도로 길었다. 치마는 주로 여자들이 착용하는 것으로, 고구려 무용총 무용도에서 나타나듯이 길이가 발목에 닿거나, 발을 가릴 만큼 길며, 허리에서 밑단까지 주름을 잡고 선을 댔다(인터넷 자료 : 한국전통의상과 장신구 www.juyada.mchol. com.)

또한 두루마기, 치마에 선(襈)을 둘러 입었는데, 이는 장식적인 면, 옷 가장자리를 보호하는 경제적인 면, 그리고 계급 표시와 의례(儀禮)의 뜻을 나타낸다. 국가 체제가 정비되어 계급사회가 됨으로써 각 계급의 신분을 의복으로 표시하게 되어 귀족복과 서민복으로 구분되었다.

[고구려 무용총 무용도]

또한, 3세기 이전부터 일본 땅에 진출하여 일본 의상 문화에 영향을 미치기 시작하였다. 특히 5세기에는 왜의 요청에 의하여 고구려와 백제에서는 옷 기술자를 보내 주어 5~7세기 일본 옷을 급속히 발전시켜 주었다(차용준, 2000).

2) 통일신라

통일신라는 삼국을 통일하여 국력이 강대해지고 문화의 전성기로서, 옷의 종류가 다양해지고 옷차림의 미적인 측면이 더 세련되었으며, 흥덕왕 9년에는 복식금지령을 내려 옷에 대한 신분적 규제가 더 구체화되고 엄격해졌다(차용준, 2000; 인터넷 자료 : 우리의 한복 http://user.chollian.net/~kjg0520/history02-3.htm).

이 시기의 한복은 신라의 형태를 바탕으로 하고 당나라와 영향을 서로 주고받으며 발전하였다. 삼국시대와 마찬가지로 바지는 남녀 공용이었으나, 삼국시대에 없던 새로운 복식이 등장하였다(인터넷 자료 : 전통문화4 http://php.chol.com/~zmncjw1/sub han1 menu2.html).

남자 기본차림은 저고리 · 바지 · 겉옷 · 머리쓰개 · 신발로 이루어졌는데 반비라는 겉옷이 새로이 나타났고, 머리쓰개에는 절풍 · 책 · 방형쓰개 등이 사라지거나 극히 제한되고 검은 비단으로 만든 복두라는 새 머리쓰개가 널리 보급되었다. 금 · 은 · 동 · 철의 금속으로 장식한 가죽띠를 많이 띠었다(차용준, 2000).

여자 기본 옷차림은 저고리 · 바지 · 겉옷 · 머리쓰개 · 신발 · 치렛거리 등으로 이루어졌으나, 고름이 달린 짧은 저고리(단의)가 널리 보급되고, 이 짧아진 저고리에 맞게 치마가 길어졌다(차용준, 2000).

치마는 표상과 내상이 있었다. 표상은 겉에 입는 치마이고, 내상은 속치마를 뜻하나 단순히 속치마였다기보다 의례적 용도로 착용된 듯하다. 따라서 이 시대 여성들의 치마는 매우 화려하고 길이도 땅에 끌릴 정도였을 것으로 추측할 수 있다.

또한 반소매의 상의로 내의 위에 입는 반비와 일종의 스카프나 숄과 비슷한 목도리인 표가 널리 보급되었으며, 옥 · 세턴을 비롯한 비금속 치렛거리를 장식한 천 띠를 즐겨 했다.

그 밖에, 통일신라시대에는 당나라의 영향을 받아 예복(禮服)인 활옷(華衣), 원삼(圓衫), 당의(唐衣)를 이 무렵부터 입기 시작하여 오늘날에 이르기까지 변화되어 입혀지고 있다.

3) 고려시대

고려시대에는 충렬왕 이후 원나라의 부용국이 되면서 복식 풍습 또한 몽고풍을 따르게 되었으나 공민왕 때 원나라가 쇠망하고 한족에 의한 명나라가 다시 중국을 지배하게 되자 몽고풍은 사라져 갔다. 그러나 저고리 길이가 짧아지고 소매가 좁아진 것은 몽고 복식에서 온 영향이며, 이로 말미암아 띠가 없어지고 대신 고름을 달기도 하였다(인터넷 자료 : 자연의 색 한국의 멋 www.netion.com/~lastlife/char/boby.html). 그러나 우리 고유의 복식 구조와 크게 달라지지는 않았다. 다만 보편적으로 바짓가랑이가 넓어지고, 치마도 전반적으로 넓어지고, 짧은 저고리가 일반화되어 긴 저고리는 덧저고리로 전환되었다.

고려시대에는 남자 옷차림의 기본 구성은 같았으나, 저고리의 길이는 후반기에 이르러 짧아지고 허리띠 대신 고름을 매어 고정시켰다. 바지의 형태는 변함없었고 가랑이만 더 넓어졌다. 겉옷은 안에 입는 저의(底意)와 겉에 입는 포(袍)로 분화되어 두 벌을 끼어 입었던 풍습은 목화가 전래되어 무명옷과 솜옷이 생겨나면서 점차 바뀌게 되었다(차용준, 2000).

여자들은 폭치마가 널리 보급되어 짧은 저고리·긴치마가 일반화되고 그 위에 포, 저의 등의 겉옷을 입고 신발을 신었으며 필요에 따라 머리쓰개를 썼으며, 계층과 신분에 따라 옷감의 차이가 있었다.

일반적으로 처녀는 머리를 길게 길러 붉은 댕기를 드렸고, 부인은 붉은 천으로 머리카락을 묶고 비녀를 꽂아 고정시켰다. 이러한 쪽진 머리는 이 시대에 새로 생겨났다. 머리쓰개는 더 다양해지고 연령과 계층, 때와 장소에 따라 달라졌다.

4) 조선시대

조선시대에는 삼국시대 이래 가장 아름다운 한복 양식을 완성하였다. 한복은 상·하로 구분되면서 남자는 바지, 저고리, 두루마기를 입어 고려의 제도를 그대로 이어받았다. 그러나 남자의 바짓가랑이가 좀 더 넓어졌고, 다양한 형태의 포(袍 : 두루마기) 문화가 발달하여 바지, 저고리는 낮은 계급의 상민을 제외하고는 속옷용으로 전락하였다. 아울러 포의 모양에 따라 머리에 쓰는 관모류도 다양하게 착용되었다. 조선 중기·후기의 임진, 병자 양란 후 실학사상으로 말미암아 복식에도 실용성을 부여하게 되고 단순화시키는 경향이 나타나기 시작하여, 고종(1863~1907년) 21년 복제개혁에 따라 소매가 넓은 옷의 착용이 금지되어, 점차 두루마기가 대표적인 포제로 남게 되었다(인터넷 자료 : 자연의 색 한국의 멋 www.netion.com/~lastlife/char/boby.html).

한편, 여자의 기본 옷차림에도 기본적인 변화는 없었으나 더 아름답고 우아하게 개조되고 다양해졌다. 아래옷으로는 속에 입는 속속곳, 바지, 단속곳 등과 겉에 입는 치마가 있었다. 치마는 허리에만 자연스럽게 잔주름을 잡고 아래는 자연스럽게 퍼지게 한, 한 폭 치마였다. 저고리는 모두 짧은 저고리였으나 연령과 계층에 따라 길이의 차이가 있었고, 깃 형태, 도련 선, 배래선이 보기 좋게 가다듬어져 점차 곡선적인 것으로 변하여 여성적인 부드러움을 나타내게 되었다. 양반 부녀자들은 외출 시 쓰개치마·처네·장옷·너울 등의 얼굴 가리개를 쓰고 다녔다.

이 시기 옷차림은 가짓수가 늘어났고 더 아름다워졌으며, 무명옷은 비중이 급증하여 베옷과 함께 가장 널리 입는 옷이 되었고, 목화솜을 넣은 가동 누비옷과 솜옷 등이 겨울옷으로 널리 보급되었다(차용준, 2000). 그러나 계층적 제약도 심하여 서민계급과 상류사회를 옷감으로 구별하기도 하였다.

3. 한복의 기본 구조

저고리, 마고자, 바지, 치마, 두루마기, 조끼, 버선의 기본 구조는 다음 그림과 같다(인터넷 자료 : 자연의 색 한국의 멋 www.netion.com/~lastlife/char/boby.html).

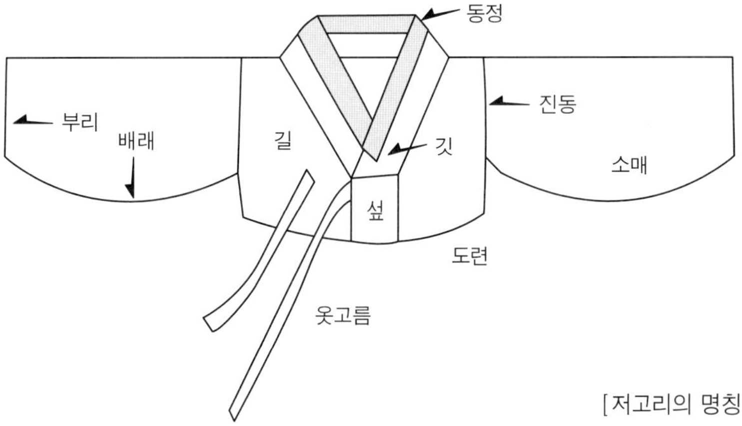

[저고리의 명칭]

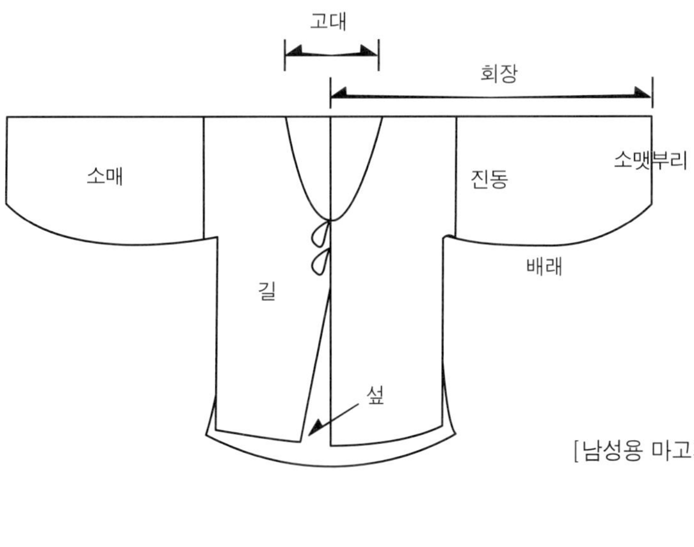

[남성용 마고자]

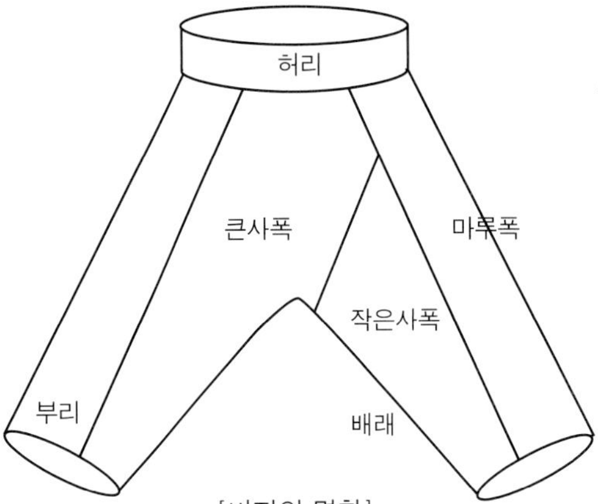

[바지의 명칭]

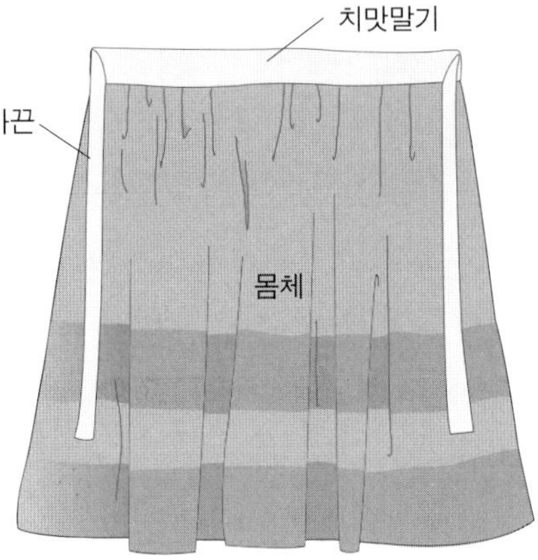

[치마]

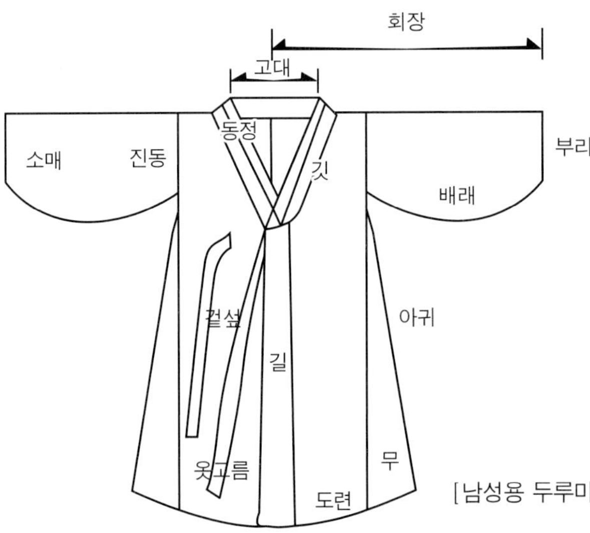

[남성용 두루마기]

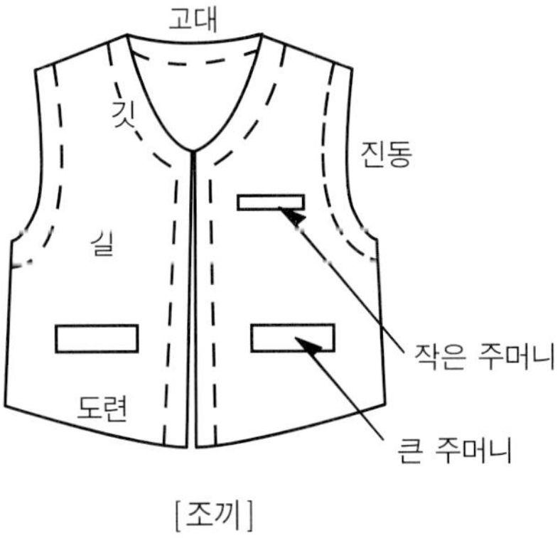

[조끼]

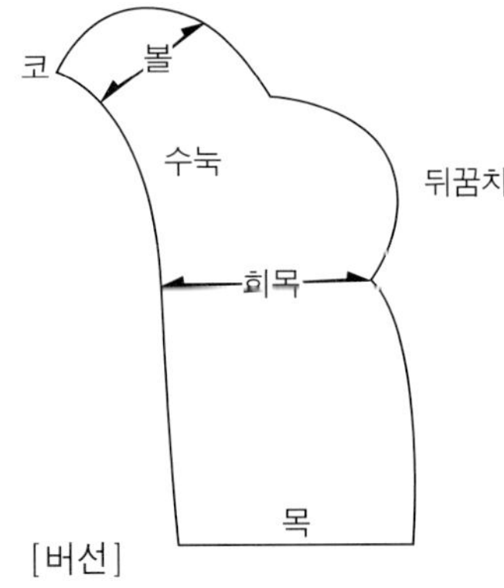

[버선]

4. 한복의 특징

한복은 우리나라의 자연 조건과 우리 민족의 생활양식과 정서와 취미에 맞게 옷을 개조 · 재창조하는 과정에서 우리 나름의 독특한 면모를 갖추게 되었고, 이웃 민족들의 옷차림과 현저히 구별되는 고유한 특징을 이루게 되었다. 한복의 특징을 살펴보면 다음과 같다(남상민, 1996).

첫째, 동양적인 윤리와 사상이 담겨진 옷이다.

둘째, 원칙적인 미의식(美意識)에서 조형(造形)되었다.

셋째, 고도의 격식이 갖추어진 옷이다.

넷째, 옷 속에 담겨져 있는 한국적인 생활인 정(靜)하고, 유(幽)하고, 명(明)하고, 담(淡)하고, 초연(超然)한 한민족의 정취를 바탕으로 한다.

다섯째, 생리적 기능, 도덕적 기능, 신분계급 표시의 기능이 크게 작용하였다.

여섯째, 한복과 더불어 크고 작은 장식의 발달과 장신구에 담긴 문양이 다양하게 발전하였다.

이 장에서는 한복의 형태, 미, 문양, 옷감, 색 등에 나타난 한복의 특징을 구체적으로 살펴보기로 하겠다.

1) 한복의 형태

한복의 형태는 평면적인 옷감을 직선적으로 재단하고 이를 꿰매어 평면적인 옷을 만들어 이것을 다시 입체적인 인체에 맞도록 남은 부분은 주름을 잡거나 접어 끈으로 고정시킨 것이다. 예를 들어, 바지는 마루폭 이외에 활동에 필요한 여유분을 주기 위하여 사폭을 만들고 이것을 다시 큰 것과 작은 것으로 나누어 전후 좌우를 구분하는 기준으로 만들어진 매우 흥미로운 구성 방법이다. 따라서 한복은 평면구성으로 이루어졌으나 입었을 때는 입체감이 형성되어 부드럽고 우아한 아름다움을 느낄 수 있게 한다.

2) 한복의 미

한복은 전체적으로 볼 때 직선과 곡선의 조화미를 가진다. 곧은 선과 은은히 흐르는 곡선으로 이루어져 너그럽고 유연한 아름다움이 있다. 한복 선의 흐름은 추녀의 곡선과 같이 하늘을 향한 듯한 저고리의 배래선과 도련의 곡선은 동정의 예리한 직선과 조화를 이루며, 여기에 깜찍하고도 앙증스러우리만큼 둥글면서도 뾰족한 작은 섶코가 이루는 선의 조화는 찾아보기 힘든 아름다움의 극치를 이룬다. 또한 풍성한 치마의 주름 위에 외곡선인 도련이 놓여짐은 끝없는 여운을 남기게 한다. 그리고 치맛자락을 튕겨 나오는 하얀 콧날의 버선 모습은 너그럽고 부드러우며 우아한 가운데에도 이지적인 여성미의 매력을 풍기게 한다(손경자, 1999). 즉, '치마 저고리의 불균형미', '깃과 섶의 날카로운 반전의 미', '여자 고무신의 유선형의 미', '옷고름의 유동미', '당의의 곡선미', '치마의 율동미' (차용준, 2000) 등으로 한복의 미를 표현할 수 있다.

3) 한복의 문양

한복에는 미적인 요소를 가미하고, 우주의 형상을 이념화하기 위한 여러 가지 문양을 사용하였다. 문양은 주로 비단류에만 국한하여 시문(施紋)하였다. 일반적으로 우리 문양의 특성은 자연의 형상물을 주 소재로 사용하고 있으며, 문양의 표현양식은 심미적인 개성미의 추구보다는 단순하고 소박한 자연미를 더 추구하고 있다(차용준, 2000). 문양의 종류로는 운문(雲紋), 수파문(水波紋) 등의 자연문과 목단문(牧丹紋), 연화문(蓮花紋), 사군자문(四君子紋), 포도문 등의

식물 문양과 학문(鶴紋), 사슴문, 박쥐문 등의 동물문양이 있고 공상적인 문양으로는 용문(龍紋), 봉황문(鳳凰紋) 등이 있다.

4) 한복의 옷감

한복의 옷감은 신라시대부터 여자들의 길쌈을 통해 명주, 무명, 마직 등 직조기술이 발달하여 재질과 문양에서 그 품위와 개성을 살릴 수 있도록 구분되어 사용하였다. 한복감은 시간, 장소, 목적에 따라 종류가 다양해서 봄, 가을철에는 갑사, 자미사, 호박단 등을, 여름철에는 모시, 삼베, 은조사 등을 사용하였다. 겨울철에는 무명, 옥양목, 공단, 양단, 비로드, 모직물 등을 썼으며 방한용으로 솜을 넣거나 모피류를 사용하기도 하였다.

그 밖에 한복의 안감으로는 옥양목, 포플린, 융, 아사, 인견 등이 사용되는데 겉옷의 재질과 색상, 형태 등을 살려 주는 데에 매우 중요한 역할을 하는 것이므로 선택을 매우 중요시했다(문미옥 외, 2001, 재인용).

5) 한복의 색

우리나라의 전통 복색은 음양오행사상에 기인된 오방색으로 청색, 황색, 홍색, 백색, 흑색계를 근본으로 하고 있다. 이는 적, 황, 청 기본 삼원색과 흑, 백의 무채색으로 모든 색의 근본을 이루는 색이다.

특히 우리나라 사람들은 예로부터 백의민족(白衣民族)이라 불릴 만큼 백색을 좋아하여 백색 옷을 즐겨 입었다. 이는 동아시아 지역의 샤머니즘 문화권의 고대 원시종교와 밀접한 관계가 있다. 이들은 백색을 그들이 숭배하던 태양빛의 색으로 받아들였으며, 청정과 순결, 광명을 뜻하는 신성한 의미를 지닌 서색(瑞色)으로 여겼기 때문이다.

백색은 크게 천연 소재 그대로의 색인 소색과 잿물을 삶아 표백시킨 백색의 두 종류로 구분된다. 질박하고 소박한 느낌의 소색은 일반 용도의 의복이나 상복의 색으로 흔히 사용되었고 표백한 흰색은 양반계급의 옷에 사용하였다(차용준, 2000).

한편, 한복의 배색은 신분 관념이 엄격했기 때문에 나라에서 정한 금색(禁色)이 있어 함부로 사용하지 못했다. 여자의 경우, 저고리는 노란색 혹은 연두색 또는 옥색이 주가 되어 왔다. 치마는 홍색이나 남색이 주가 되어 왔는데, 홍색은 짙은 다홍색으로 매우 침착하고 가라앉는 색조이며, 남색은 대단히 화려하고 청아한 색이다. 또 자색은 주로 치마 색이나 회장 색으로 사용되어 왔다. 연령에 따라 젊은 사람은 꽃자주색, 중년은 짙은 자주색, 노년에 접어들면 검은 자주색을 사용하여 왔다(인터넷 자료 : 자연의 색 한국의 멋 www.netion.com/~lastlife/char/boby.html). 일반적으로 결혼하기 이전에는 다홍색 치마에 노랑 저고리, 결혼 후에는 남색 치마에 노란색, 미색, 옥색 저고리 등으로 배색하여 입었다.

5. 한복의 종류는

한복은 예복과 평상복의 구별이 있으며, 다시 남녀별 성인용과 어린이용, 계절별로 나눌 수 있다. 본 장에서는 성인 남자 옷, 성인 여자 옷, 남아 옷, 여아 옷 등을 종류에 따라 살펴보기로 하겠다.

1) 성인 남자 옷

남자의 일상 옷차림은 웃옷 · 아래옷 · 겉옷 · 머리쓰개 · 버선 · 신발 · 행전 · 토수 · 치렛거리 등으로 이루어진다. 웃옷으로는 저고리, 속적삼 등이 있고, 아래옷으로는 바지 · 잠방이가 있으며, 겉옷은 짧은 겉옷으로 덧저고리 · 마고자 · 등거리 등과 긴 겉옷으로 두루마기 · 소창옷 · 학창의 · 심의 · 도포 등이 있다(차용준, 2000).

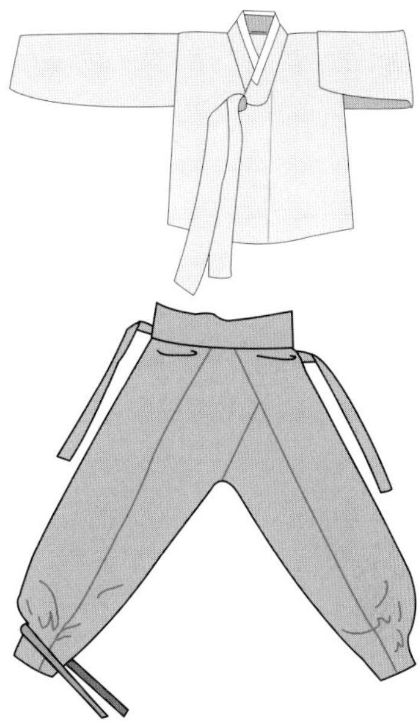

[남자 바지 저고리]

한편, 예복으로 길례(吉禮, 결혼식), 가례(加禮, 성인식)에 입는 옷과 상례(喪禮)와 제례(祭禮)에 입는 옷이 달랐다. 길례에는 도포, 중치막이나 두루마기를 입고 갓을 썼으며, 가례에는 흉배를 단 단령복에 각대를 띠고 사모를 썼다. 제례에는 흰 도포나 두루마기를 입고 갓을 썼으며, 상례에는 이에 따른 상복이 따로 있었다.

성인 남자의 옷인 저고리, 바지, 조끼, 마고자, 두루마기 등을 구체적으로 살펴보면 다음과 같다.

(1) 저고리

저고리는 고대부터 남녀가 모두 착용한 한복의 웃옷으로 길이가 엉덩이까지 내려와 허리에서 띠를 매었으나 조선 초기부터 길이가 짧아져 현재와 같은 모양이 되었다. 앞판이 터져 있어 앞판 양쪽에 달린 고름을 서로 매어 여미게 되어 있다. 앞을 여미면 목 부분은 브이(V)자 모양이 되는데, 그 둘레로 깃을 대고 다시 깃 끝을 따라 좁고 하얀 동정을 단다.

소매는 전체적으로 품이 넉넉한 편인데, 팔을 폈을 때 위쪽은 직선이고 아래

쪽은 가운데가 넓은 부드러운 곡선을 이루고 있어서 모양이 우아하고 아름답다(국립국어연구원, 2002).

겨울에는 솜저고리를, 봄 · 가을에는 겹저고리를 입었다. 그리고 여름철에는 저고리와 같은 모양의 삼베, 모시 등으로 만든 홑옷인 적삼을 입었다.

(2) 바 지

바지는 아래옷으로 삼국시대 이전부터 착용되었고, 고의라고 불렸다. 조선시대에 이르러 양각이 분리된 형태, 앞뒤가 분리된 형태, 사폭으로 구성된 형태로 변화하였다.

남자 바지는 전체적으로 통이 상당히 넓기 때문에 허리에는 끈으로 된 허리띠를 매어서 고정시킨다. 또한 바지 길이가 발목보다 길고 바짓가랑이도 넓어서 양쪽 바짓부리를 발목에서 대님으로 묶어서 입는다. 또한 허리에서부터 밑위까지의 길이가 길어서 좌식생활하는 우리나라 생활방식에 잘 맞는 옷이다.

바지는 겨울용 솜바지, 봄 · 가을용 겹바지와 누비바지가 있으며, 여름용 홑고의 그리고 짧은 잠방이가 있다.

(3) 조 끼

조끼는 저고리 위에 입는 옷으로, 우리나라 고유의 의상이 아니라 일본의 영향을 받아 우리 정서에 맞게 디자인 된 것이다. 특히 주머니가 달려 있어 일용품을 넣기에 편리하고 미관상으로도 손색이 없는 옷으로 오늘날 남자복식에 있어서 없어서는 안 될 만큼 중요한 위치를 차지하고 있다.

(4) 마고자

마고자는 저고리와 조끼 위에 덧입는 옷으로 일명 덧저고리라고도 불린다. 소매를 포함한 전체적인 모양은 저고리와 비슷하지만 저고리보다 1㎝정도 길다. 저고리의 깃과 동정이 밖으로 드러날 정도로 목 부분이 파여 있어서 깃과 동정을 따로 붙이지 않는다. 또 고름 대신에 한두 개의 단추를 달며, 두 개의 앞자락을 맞댄 후 왼쪽 자락에 달린 고리에 오른쪽 자락의 단추를 끼워서 입는다. 호박이나 금 · 은 따위로 단추를 만들어 달아 밋밋한 마고자에 독특한 멋을 주었다(국립국어연구원, 2002). 옆선 아래가 조금 트이고 저고리보다 아름다운 색의 비단으로 호사스럽게 만들었다.

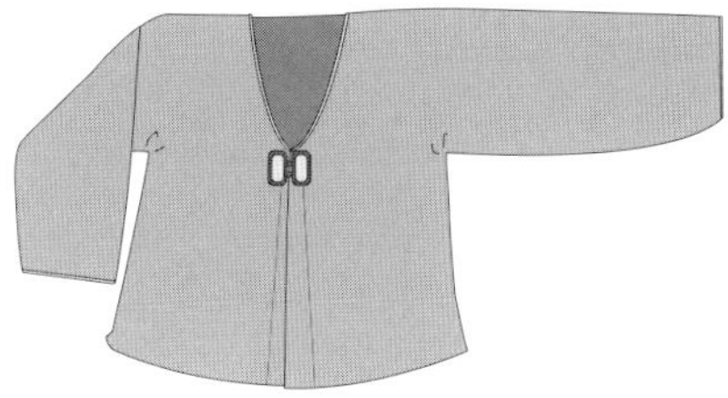

[마고자]

마고자는 원래 만주인의 의복이었으나 대원군이 만주 보정부에서 유거생활에서 풀려나와 귀국할 때 입고 돌아오면서 널리 착용하기 시작하였다고 한다. 우리나라에서는 조선시대 말기 이후에 특수계층의 집안에서 방한을 겸한 사치복으로 등장했다(인터넷 자료 : 자연의 색 한국의 멋 www.netion. com/~lastlife/char/boby.html).

남자들이 한복을 입을 때 마고자는 반드시 입어야 예의에 맞다.

(5) 두루마기

두루마기란 터진 곳이 없이 막혔다는 뜻으로, 주의(周衣) 혹은 주차의(周遮依)라고도 한다. 한복에서 가장 바깥에 입는 겉옷으로, 대체로 저고리와 비슷하나 길이는 훨씬 길어서 무릎 정도까지 오며 깃, 소매의 폭이 저고리에 비해서 넓은 편이다.

[두루마기]

두루마기는 일반적으로 여자들은 방한복으로 입고 남자들은 예의를 갖추기 위한 옷으로 입었다. 그래서 계절에 관계없이 외출 시에는 반드시 두루마기를 입었고, 남의 집을 방문했을 때도 집 안에서 두루마기를 벗지 않는 것이 예의였다.

2) 성인 여자옷

여자의 일상 옷차림은 웃옷 · 아래옷 · 달린옷 · 겉옷 · 띠 · 머리꾸밈 · 머리쓰개 · 버선 · 신발 · 토수 · 치렛거리 등으로 이루어진다. 웃옷으로는 저고리 · 속적삼 등이 있고, 아래옷으로는 바지 · 치마가 있으며, 짧은 겉옷으로는 큰저고리 · 갓저고리 · 배자(등거리)가 있고, 긴 겉옷으로는 두루마기(장옷) · 당의 등이 있다(차용준, 2000). 여자 두루마기는 방한용이어서 남자의 경우에서와 같이 남의 집에 가서도 꼭 입고 있어야 할 필요는 없었다.

명절이나 여러 가지 의례 때에는 아래 그림과 같이 특별히 갖추어 입는 옷인 예복을 입는다. 예복으로는 초록색 당의에 화관과 족두리를 쓰는 소례복(小禮服), 원삼, 활옷으로 된 대례복(大禮服)을 입었다. 저고리는 삼회장 저고리에, 치마는 스란치마, 대란치마를 입었다. 상례에는 이에 따른 상복을 입었다.

[당의]

[원삼]

[활옷]

성인 여자의 옷인 저고리와 배자, 장옷, 치마 등에 대하여 구체적으로 살펴보면 다음과 같다.

(1) 저고리와 배자

남자의 저고리와 기본적인 모양은 같으나, 여성용 저고리는 가슴을 겨우 가릴 정도로 짧은 것이 특징이다.

저고리는 길, 소매, 깃, 동정, 고름으로 구성되어 있으며, 여자의 경우 끝동이 달리기도 한다. 저고리는 소재, 재봉법, 모양에 따라 여러 종류가 있는데, 홑 · 겹 · 솜 · 누비 저고리는 소재의 두께와 재봉법에 따라 나눈 종류이고, 저고리 각 부분에 다른 색의 감을 쓴 데에 따라 민저고리, 반회장저고리, 삼회장저고리로 나누었다.

회장저고리

회장저고리는 우리나라 고유 복식의 하나로서 깃, 부리, 단, 고름에 서로 다른 색 천을 댄 저고리이다. 원래 선을 댄 목적은 푸서 처리를 위한 것이었는데 그것이 점차적으로 장식을 위한 것으로 변천하였다. 회장저고리 중 곁마기가 있는 것을 삼회장저고리, 없는 것을 반회장저고리라고 한다.

회장감의 색은 원래 자주색 한 가지로 정해져 있었으나 근래에 와서는 같은 색깔 계통의 빛깔이나 또는 대조적인 다른 색깔을 쓰는 경우도 볼 수 있다.

[삼회장저고리]

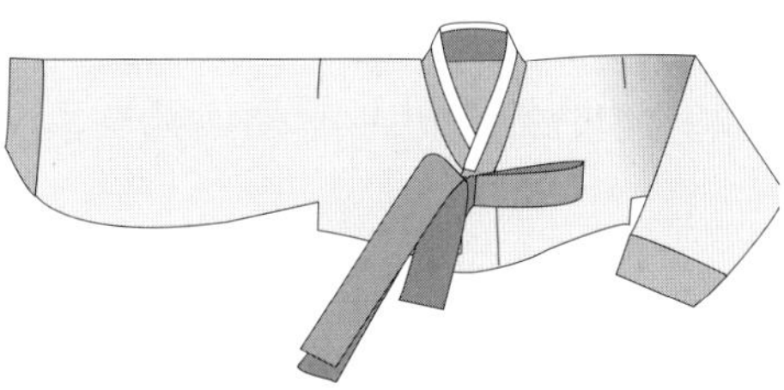

[반회장저고리]

색동저고리

회장저고리와 같이 한국 고유 옷의 하나로 소매를 색동으로 한다. 색동의 색은 오행설에서 유래되었다. 종전에는 길의 색을 연두색, 노랑색, 옥색만을 사용했는데 요즈음은 여러 가지 색을 전부 다 사용한다.

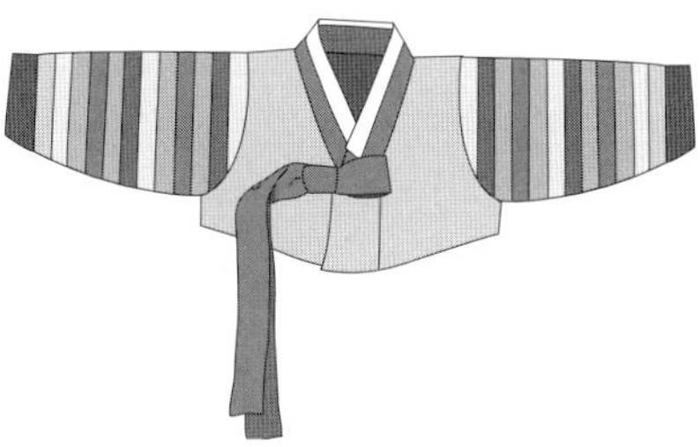

[색동저고리]

깨끼저고리

안팎이 비치는 엷은 옷감을 두 겹으로 박아 지은 저고리다. 바느질이 어렵고 세탁할 때 만지기가 어려워 많이 입지 않았으나 근래에는 옷감의 발달과 함께 다리지 않고도 그냥 만져서 입을 수 있는 옷감으로 나와서 많이 입는다.

깨끼는 안팎을 무늬 없는 같은 감으로 만드는 것이 특징이나 무늬 있는 감으로 할 때는 안감은 무늬 없는 감을 사용한다. 무늬가 있는 것이나 없는 것의 형태는 같다.

배 자

배자는 추운 지방에서 방한용으로 저고리 위에 덧입는 조끼 모양의 옷으로 소매와 섶, 고름이 없으며 깃은 좌우 모양이 같고 맞닿는다.

(2) 장 옷

조선시대에는 엄격한 유교 문화로 여자들은 외출할 때 다른 남자에게 얼굴을 보이지 않도록 얼굴을 가렸다. 양반 부녀자들은 치마와 비슷한 쓰개치마로, 서민층 여자들은 장옷으로 얼굴을 가렸다. 장옷은 두루마기와 모양이 비슷하나 깃과 고름과 무를 각각 다른 색으로 만들며, 소매의 끝 부분은 흰색으로 넓게 만든다. 깃은 좌우가 대칭을 이루며 앞은 마주 닿도록 하여 단추를 달았고 이중의 고름이 양쪽에 달려 있어 손으로 잡아 오므리도록 되어 있다. 옷이기는 하지만 소매를 팔에 끼워 입는 것이 아니라 외출할 때 머리와 얼굴이 보이지 않을 정도로 이마 위에서 턱으로 둘러 고름 부분만 잡을 뿐이다.

장옷은 분홍 · 보라 · 초록 · 남색 · 옥색 · 검정 등 색도 화려하고 옷감도 명주 · 항라 · 모시 등 계절마다 달랐다. 그러나 조선 후기에 이르면 대체로 명주나 무명을 옷감으로 하여 겉감은 주로 초록으로 하고 안감은 자주색으로 하는 것이 보통이었다(국립국어연구원, 2002).

(3) 치 마

[치마]

치마는 여자들이 입는 아래옷이다. 여러 폭의 옷감을 이어 한 장으로 만든 후, 옆을 꿰매지 않고 몸을 한 바퀴 반 정도 감아 옆쪽에서 여미게 되어 있다. 길이는 가슴 윗부분에서 시작하여 바닥에 닿을 정도로 길다. 허리에는 주름을 잡아서 밑으로 가며 퍼지는 모양이고 허리에 달린 끈으로 가슴 윗부분에서 묶어서 입는다. 조선시대에는 치마를 더욱 풍성하게 보이기 위하여 무지기라고 불리는 속치마를 치마 아래에 세 겹이나 다섯 겹 혹은 일곱 겹까지 겹쳐 입었다(국립국어연구원, 2002).

치마는 폭이 넓어 우리나라의 온돌생활에 적합한 기능성이 있는 반면 뒷중심의 여밈이 열리게 되어 있어 활동하기에 편리할 뿐만 아니라 미적으로도 기품있고 우아한 맛을 더해 준다(인터넷 자료 : 자연의 색 한국의 멋 www.netion.com/~lastlife/char/boby.html).

치마는 만드는 방법에 따라 겹치마, 홑치마, 누비치마가 있었고, 모양에 따라 뒤를 여미고 입는 풀치마와 뒤가 막힌 통치마가 있다. 그 밖에 예복용인 스란치마와 대란치마, 일할 때 입는 앞치마, 겉치마 밑에 받쳐 입는 속치마와 무지치마가 있다.

겹치마

겹치마는 겉감만으로 바느질한 홑치마에 대하여 안을 넣어 겹으로 바느질한 것이다.

풀치마

풀치마는 양쪽으로 선단이 있어 둘러 입게 된 치마이다. 치마폭이 통으로 된 통치마에 상대되는 것으로 한복 치마의 기본이다. 띠허리나 어깨로 치마허리를 만들고, 치마폭과 치마허리를 맞추어 주름을 잡으면서 치마허리와 치마폭을 붙여 박는다.

통치마

통치마는 양쪽 선단이 없이 통으로 지은 치마이다. 띠허리를 달아 뒤로 여며 입는 풀치마와는 달리 통으로 박아 주름을 잡은 치마폭에 조끼허리 또는 어깨허리를 단다. 조끼허리의 앞은 여미게 되어 있으며 풀치마에 비해 간편하고 활동적이다. 길이에 따라 긴 통치마와 짧은 통치마로 구분된다.

스란치마

스란치마는 치마에 금박장식을 단 치마이다. 옛날에 궁중이나 일반 부녀자들이 입었던 예복용 치마로 폭이 넓고 길어서 입으면 발이 보이지 않는다. 왕비는 용무늬, 세자빈은 봉황무늬, 공주나 옹주는 꽃과 글자무늬, 일반 부녀자들도 꽃과 글자무늬를 놓았다. 스란을 두 층 댄 것을 대란치마라 한다.

속치마

속치마는 속옷의 한가지로 겉치마 밑에 받쳐서 입는 치마를 통틀어 일컫는 말이다. 조끼허리에 겉치마와 비슷한 치마폭을 이어 만든다.

무지기 치마

무지기 치마는 치마 바로 밑에 입는 속치마의 한가지로, 홀수인 3층, 5층, 7층 등으로 각기 길이가 다른 여러 개의 치마를 겹쳐서 한 허리에 이어 붙여 만든 것이다. 각 단 밑부분에 각각 다른 색으로 물을 들이며, 가장 긴 것이 무릎 아래에 이르고 차차 짧아져 무지개 색을 이룬다 하여 무지기라는 이름이 붙었다.

3) 남아용 옷

남아의 평상복은 어른과 같이 저고리, 바지, 조끼, 마고자를 입었으며, 방한을 위해 두루마기도 입혔다. 두루마기는 오방장이라고 하여 다섯 가지 색을 사용하여 화려하게 만들어 입혔다. 명절 때나 돌 또는 기타 행사 때에는 두루마기에 전복을 입히고 복건을 씌우기도 하였다(인터넷 자료 : 자연의 색 한국의 멋 www.netion.com/~lastlife/char/boby.html).

남아들이 입는 옷인 저고리, 오방장이, 풍차바지, 복건, 타래버선 등에 대해 구체적으로 살펴보면 다음과 같다.

(1) 저고리

저고리는 성인용 저고리와 모양이나 만드는 방법은 같으나, 빛깔은 옥색, 분홍색, 연두색 등이 많이 쓰인다.

(2) 오방장이

남아의 두루마기는 연두색 색동 소매를 달거나 연두색, 분홍색 등의 단색으로 만든다. 그러나 오방장이 또는 까치두루마기는 까치설날(섣달 그믐날)에 남녀 어린아이가 입는 오색 두루마기로, 길과 소매는 연두색, 섶은 노랑색, 무는 자주색, 고름과 깃은 남색으로 한다. 남아는 깃, 고름을 남색으로, 여아는 자주색, 소매에는 색동이나 다홍색을 달아 구별하였다.

(3) 풍차바지

풍차바지는 풍채 바지라고도 하며 주로 활동하기 시작하는 2세부터 4~5세까지 어린이들이 입는 옷이다. 어른 바지와 같이 큰사폭, 작은사폭을 달아 막히게 하여 복부를 가리게 하고, 밑을 트고 재물무를 달아 뒤로 여미게 한 것이다. 입

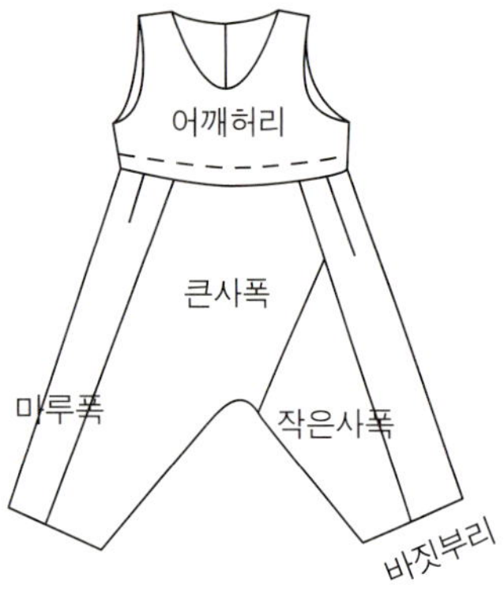

[풍차바지]

는 법은 저고리 속에 입는 것이 원칙이나 평상복으로 입힐 때에는 저고리 위에 입혀 웃옷으로 사용하면 입고 벗기에 편리하고 보온도 잘 된다. 솜으로 누벼 입기도 하며 누빈 천이 많이 있을 때에는 그것으로 만들어 입기도 한다(인터넷 자료 : 우리의 한복 http://user.chollian.net/~kjg0520/main01.htm).

(4) 복 건

복건은 머리에 쓰는 수건이 변한 것으로 갑오경장 이전에도 도사복에 사용하였고, 조선 말에는 초립동들이 전복과 함께 사용했다. 검정색 실을 홑으로 만든 것으로 오늘날에는 남아의 돌 때 머리에 씌운다.

[남아용 복건]

(5) 타래버선

예의를 중시하는 한국인들은 남에게 맨발을 보이지 않게 하기 위하여 더운 여름에도 일종의 양말인 버선을 신었다. 보통 흰색의 무명이나 광목으로 천 안에 솜을 넣고 바느질하여 만들었다. 버선의 모양은 전체적으로 발 모양과 비슷하게 생겼는데 발이 들어가는 부분에 비하여 발목 부분이 좁게 되어 있고 신으면 종아리 아래까지 올라간다. '코'라고 불리는 앞쪽 끝을 뾰족하게 위로 들어 올려 맵시있게 보이게 하고 발바닥 부분도 발의 선을 살려 가운데는 오목하게 들어가고 뒤꿈치는 부드러운 둥근 선을 이루도록 만들어 전체가 유연한 곡선으로 이루어져 한국 문화의 특징인 선의 아름다움이 잘 드러나 있다(국립국어연구원, 2002).

타래버선은 누벼서 만든 버선에 수를 놓고 색실로 술을 달아 만든 것으로, 돌잔치 때 남아에게 신겼다(국립국어연구원, 2002).

4) 여아용 옷

여아들은 평상복으로는 저고리, 치마에 방한을 위해서 배자, 두루마기 등을, 명절 때나 돌 또는 기타 행사 때에는 남아와 마찬가지로 오방장이를 입혔다.

여아용 옷인 색동저고리, 치마, 조바위, 굴레 등에 대해 구체적으로 살펴보면 다음과 같다.

(1) 색동저고리

색동저고리는 여러 색깔을 규칙적으로 배열하여 만든 것으로, 첫돌부터 6~7세 어린이들에게 알맞은 옷으로 한국적인 미를 잘 나타내는 대표적인 옷이다. 원래 색동저고리는 돌 때 남·녀 구분 없이 입혔으나, 단 돌띠만은 구별하여 남아는 남색, 여아는 자주색을 달았다. 돌이 지나면 남아는 그대로 길게, 여아는 짧게 하여 입혔고 저고리의 길은 연두색으로 하였다

색동저고리는 오방제왕(五方帝王)의 두호(斗護)를 받게 한다는 뜻으로 입혔으며, 노란색은 중앙의 황제(黃帝), 남색은 동방의 청제(靑帝), 붉은색은 남방의 적제(赤帝), 흰색은 서방의 백제(白帝)를 상징한다.

(2) 치 마

[어린이용 겹치마]

여아의 치마는 대개 설빔으로 많이 입히는데, 평상복으로 입는 경우가 적으므로 화려한 감을 준다. 색은 다홍색이 많이 쓰이며 남색, 초록색, 분홍색 등도 많이 쓰인다(인터넷 자료 : 우리의 한복 http://user.chollian.net/~kjg0520/main01.htm).

(3) 조바위

방한의 목적으로 사용한 조바위는 검정색 실로 만들어 산호, 비취 등의 구슬을 실에 꿰어 옆으로 늘이고 이마 중심에는 오색술 장식을 단다. 조바위 위의 공간 둘레와 옆선 쪽으로 돌린 곡선은 아름다운 조화를 이루며, 쓰기에도 기능적이다(문미옥 외, 2001, 재인용).

(4) 굴 레

굴레는 여아에게 씌우는 관(冠)으로 여름용은 오방장이와 같이 여러 색을 모아 만들어 금박을 찍었으며, 겨울용은 검정색 단에 십장생 문양을 수놓아 만들었다.

4

전 통 가 옥

4장

1. 전통가옥이란 무엇인가?

전통가옥이란 우리나라 고유의 집인 '한옥'을 의미하는 것으로, 넓은 의미로는 역사 이래 우리나라에 지은 전형적인 건축물 모두를 말하고, 좁은 의미로는 살림집을 가리킨다.

한옥은 목조건물로서 뼈대와 뼈대를 연결할 때조차도 쇠로 된 못을 쓰지 않고 홈을 파서 서로 물리도록 짜맞춘다. 흙을 이용하여 만든 벽은 습기를 빨아들이고 한기를 막아 주는 역할을 해서 장마 때에도 집 안이 습하지 않으며, 겨울에는 따뜻한 기운을 잘 유지해 주기도 한다(국립국어연구원, 2002).

일반적으로 한옥은 구들을 들인 온돌방과 마루를 깐 대청이 한 건물 내에 함께 있다는 것이 대표적 특성이다. 적절히 냉난방의 조화를 이룬 온돌과 마루의 구조는 세계에서 유래를 찾아볼 수 없는 모습이다. 폐쇄적인 온돌방과 개방적인 마루는 상반된 구조인데도, 서로 개성을 존중하면서 공존한다는 것은 북방 문화와 남방 문화의 연합이라는 점에서 문화사적 의의도 대단히 크다.

더 나아가 한옥은 건축물로서의 우수성과 아름다움으로도 세계의 건축가들로부터 찬사를 받고 있다(인터넷 자료 : 한국전통직업전문학교 http://www.hanok.co.kr/koreahouse.html).

2. 한옥의 역사

우리나라에 집을 짓고 살았을 것으로 추정되는 것은 구석기시대이다. 그 후 신석기에 이르러 도구의 발달과 농경의 발달로 주거 생활도 개선되어 갔다. 구석기시대부터 조선시대에 이르기까지 한옥의 역사를 살펴보면 다음과 같다.

1) 원시시대

원시시대의 주택은 자연동굴과 초막이었다. 신석기시대에 와서 땅을 일정한 깊이로 파고 움 형식으로 지은 최초의 집인 움집이 나타났다(차용준, 2000). 원형 움집은 지면을 파서 원으로 구덩이를 만들고 중앙에 간단하게 기둥을 세우고 서까래를 벽선에 따라 원추형으로 세운 다음 그 위에 잔 나뭇가지나 풀, 흙 등으로 지붕을 덮어 만든 구덩이식 주거이다. 그 규모는 대개 4~5명 정도가 살기 적당한 크기였다(인터넷 자료 : 한국의집 http://home.hanmir.com/~isujin/st4.htm).

2) 삼국시대

삼국시대는 한국 건축문화의 발화기(發火期)로서 고구려에서는 왕족, 귀족들은 지상에 움집을 짓고 살았고, 백성들은 지표하(地表下)에 살았다. 백제에서는 오두막집을 짓고 살았고, 신라에서는 귀틀집을 짓고 사는 사람들이 태반이었다(인터넷 자료 : 한옥문화원 www.hanok.org).

삼국시대에는 남향집을 짓고 사는 풍습이 더욱 굳어지고 널리 보급되었으며, 상류층은 높은 담장을 두르고 여러 채로 구성되는 저택을 지었다. 지붕 재료로는 기와와 새초 등으로, 서민들의 집은 모두 띠풀로 지붕을 이었고, 절간 · 왕궁 · 관청에만 기와를 이었다. 아궁이 · 굴뚝이 완비되고, 온돌방 생활이 더욱 개선되었으며, 토방을 쌓는 풍습이 보급되었다. 특히 이 시기에는 각 가정에서 생산 활동과 소비 활동에 필요한 도구와 물건들을 보관하는 창고 · 방앗간 · 마구간 · 외양간 · 우물 등의 시설이 있었다(차용준, 2000).

발해 및 후기 신라시대에는 형식이 더욱 규칙화되고 장식적인 면에서 많은 발전이 이루어졌다.

3) 고려시대

고려시대에는 살림집 자리의 방향 · 높이 · 간수 및 치수 · 집의 형태 등을 정하는 데 음양풍수설의 영향이 매우 컸다. 따라서 궁궐이나 일반 민가에서는 집을 높게 짓지 않았다. 온돌난방 풍습이 널리 보급되어(차용준, 2000) '빙돌' 이라는 온돌이 있었으나 귀족계급이나 왕궁에는 온돌이 없었던 것으로 전해진다. 일반 백성들은 대부분 흙침상을 만들고 땅을 파서 아궁이를 만들어 그 위에 누웠다는 기록으로 보아 고구려의 장갱과 같은 난방 방식을 사용하였음을 알 수 있다. 또한 '욱실' 이라는 온돌방과 '양청' 이라는 마루가 건축되었음이 기록으로 전해진다(인터넷 자료 : 한국의집 http://home.hanmir.com/~isujin/st4. htm).

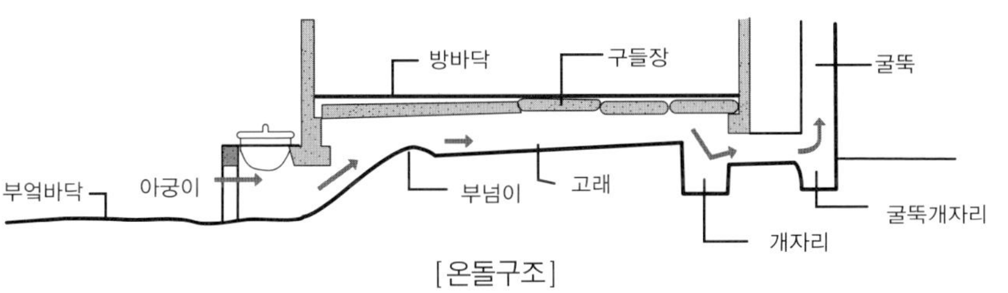

[온돌구조]

4) 조선시대

조선시대에 와서 ㅡ자집, ㄱ자집, ㄷ자집, ㅁ자집 등 주택의 형태 및 도기와, 자기와 등 지붕의 재료도 더욱 다양해졌다. 온돌난방이 전국에 보급되고, 장판을 까는 풍습이 생겨났다.

주택 건축은 전 시대인 고려시대까지 형성되어 온 주택 구조 양식을 그대로 계승하면서 발달되어 왔다. 주택 구조의 근간은 목조가구식(木造架構式)의 온돌과 마루가 있는 민도리집 양식이다.

조선시대의 건축은 규모가 작고 검소하면서도 위엄을 갖추고 있었으며, 어느 건물이나 건물 자체의 균형뿐만 아니라, 주위 환경과의 조화를 중요시하는 특성을 지니고 있었다.

3. 한옥의 특징

한옥은 자연환경을 훼손시키지 않으면서도 사람의 건강에 유익하도록 여러 가지를 고려하여 지은 집이다. 한옥의 특징을 살펴보면 다음과 같다.

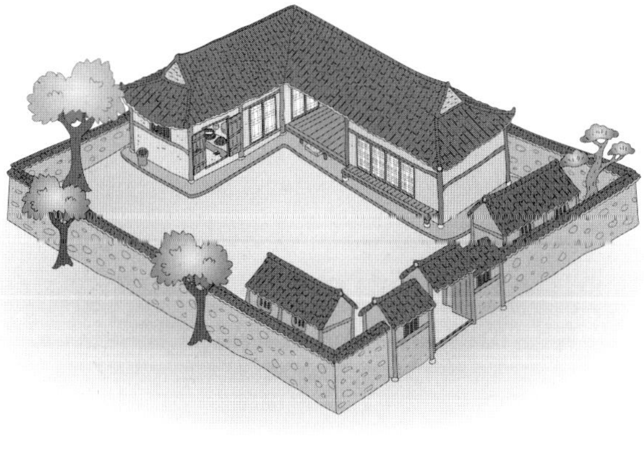

1) 자연환경과의 조화

한옥은 배산임수(背山臨水) 지형에 터를 잡아 겨울에는 북쪽의 바람을 막고 연료를 구하기 쉬웠으며, 남쪽 땅을 경작하기가 좋았고 농업용수 해결도 용이했다. 집의 모양 역시 마을 뒷산 모양을 본떠 자연과 조화를 이루도록 하였다.

이와 같이 자연과 조화를 이루고 순응하는 마을 구성과 집의 배치는 자연과 집, 인간이 서로 조화를 이루는 안온하고 평안한 삶의 방식을 보여 준다.

2) 자연 재료 사용

한옥은 돌, 나무, 흙 등 주변에서 구하기 쉬운 자연 재료가 그대로 이용되었다. 또한 창은 한지를 사용하여 실내를 밝게 하였으며, 바닥은 한지를 깐 뒤 콩기름을 발라 윤기 있고 방수도 되게 하였다. 벽과 바닥은 황토를 발라 단열 효과를 내게 하였으며 무더위와 심한 추위를 막기 위해 마루와 온돌문화가 발달하였다.

3) 신분의 상징

한옥은 신분에 따라 공간 배치와 집의 형태가 달랐다. 즉, 여염집이라 불리던 일반 백성의 집, 대부분 기와집으로 되어 있던 양반집, 노비 중 외거노비의 살림집을 말하며 부엌 1간에 방 1간~2간 정도였던 호지집 등 공간의 배치와 집의 형태에 신분계층이 반영되었다.

4) 생산 및 생활양식 반영

한옥은 농사일과 행사를 위해 개인, 가족, 마을 사람들이 함께 어우러질 수 있는 개방적인 공간이다. 안방은 가족의 식사와 행사 등 대가족이 함께 모이는 장소로 사용되었을 뿐 아니라 침실로도 사용한 개인적, 사회적 공간이다.

5) 깊이감

비대칭 균형과 공간 간의 연속성 및 위계성 그리고 양과 음의 공간이 교차 반복되어 깊이감을 가졌다. 즉, 사랑채, 안채, 행랑채, 별당채 등이 비대칭적으로 위치하였으며, 각각의 별채들에는 그 자체의 사랑방, 침방, 대청 등이 있고 이들 대치도 비대칭적이다. 또한 음양이 교차되어 방 안에서는 대청이, 또 대청에서는 마당이 밖이며 안채와 바깥채 그리고 안주인과 바깥주인 등 안과 밖의 구별 원리가 음양에 기본을 두고 있음을 알 수 있다.

6) 실용성과 미적 추구 반영

한옥은 외부 공간은 선으로, 내부 공간은 면으로 이루어져 있어 실용성과 미적 추구를 반영하였다. 즉, 처마의 서까래, 지붕의 용마루와 골, 창호의 살 짜임 등은 곡선과 직선을 이용하여 아름다움을 추구하고, 기둥, 도리, 보 등은 벽지나 천장지로 가려 면을 만들었다. 또한 공간마다 창호로 구성되어 개방적이지만 생활에 따른 사용상의 융통성을 살렸다. 창호의 한지 사용은 소리와 빛이 투과되므로 자연음과 은은한 빛이 내부에 투영되어 자연과 융화감을 느끼게 했다.

7) 높은 기단

한옥은 기단이라 부르는 댓돌(또는 죽담)을 여러 겹 쌓아 높게 만들고 그 위에 주초 놓아 집을 놓는 방법을 보편화했다. 그 이유는 고온다습하지 않더라도 땅에 가깝게 자리를 마련하면 습기가 올라오기 때문이다. 따라서 한옥은 움집을 땅 위로 노출시킨 이후 차츰 바닥을 높이면서 땅에서 떨어지는 방도를 취하여 땅의 습기를 줄여 쾌적하게 살 수 있게 했다(신영훈, 2000).

8) 깊은 처마

한옥의 깊은 처마는 여름철 높은 태양이 떴을 때 차양이 되어 뙤약볕을 가려 그늘을 만들어 주므로 시원하게 살 수 있게 했다. 또한 마당에서 반사된 빛이 건물 내부를 간접 조명할 수 있도록 했다.

9) 인 격

한옥은 우리 몸에 맞는 크기로 설정되어 있어 인격적이다. 한옥은 쓸모 있게 조성되었을 뿐 아니라 인간 삶의 터전으로서 살림살이를 배려한 삶의 질을 향상하는 교육 도량이기도 하였다.

10) 난방 시설

한옥의 난방을 위한 구들은 매우 개성이 있다. 즉, 부뚜막과 아궁이 고래와 개자리, 굴뚝을 완벽하게 구조하였다. 고래 켜고 구들장 놓은 온돌방에는 아랫목과 윗목이 있어 이에 따라 장유유서의 예의와 질서가 지켜졌다.

또한 몸이 부실한 사람이나 산모가 뜨끈한 아랫목에서 지지고 나면 몸이 거뜬해졌다. 세종 때 간행된 의료요법 책인 『구황촬요』에도 "뜨끈뜨끈한 구들은 병을 치료하는 데 아주 요긴한 시설"이라고 설치를 장려했다.

4. 한옥의 장점

한옥의 장점은 공해가 거의 없고, 터전을 훼손시키지 않으며, 화재, 지진에 강하다는 것이다. 이를 구체적으로 살펴보면 다음과 같다(신영훈, 2003).

1) 공해가 거의 없다

한옥에는 아궁이가 있어 식물성 폐기물을 대부분 소각시킬 수 있기 때문에 많은 쓰레기를 자체 처리할 수 있다. 한옥을 짓는 건축 자재 또한 공해를 일으키지 않는다. 즉, 토담집, 귀틀집, 기와집을 막론하고 오래되어 수명이 다한 집을 헐어 내어 자재를 폐기하면 흙이 되거나 거름이 되고, 땔나무 등으로 다시 쓸 수도 있다. 특히 황토는 시멘트와는 달리 독성이 없어 우리 몸에 좋다.

2) 터전을 훼손시키지 않는다

한옥은 산천의 정기를 받기 위해서 보통 터를 깎지 않고 돋우어 쓰기 때문에 자연을 훼손하지 않는다.

3) 화재, 지진에 강하다

한옥은 주로 통나무로 짓는 목조건물이기 때문에 불 붙이기도 어렵고, 일단 불이 붙으면 잘 타나 쉽게 끌 수 있다. 또한 불에 탄 목조건물은 재난을 당한 부분만 수리하면 다시 사용할 수 있다.

5. 한옥의 유형

한옥은 평면 형태, 지붕 재료, 벽체, 용도 등에 따라 유형이 달라진다. 이를 구체적으로 살펴보면 다음과 같다(차용준, 2000).

1) 평면 형태

우리나라 한옥의 유형과 형태는 공간 배치를 어떻게 했느냐에 따라 한 용마루 아래 생활공간이 한 줄로 배치된 외통/홑집 유형과 두 줄로 배치된 양통/겹집 유형으로 나눌 수 있다.

(1) 홑 집

홑집은 한 용마루 아래에 부엌, 아랫방, 웃방 등의 생활공간이 외줄로 배치된 형태의 살림집으로 '외통집' 이라고도 불리며, 한반도의 서부와 남부에 많이 분포되어 있다. 한반도의 서남부는 산악이 적고 평야가 많은 지역으로서, 인구가 조밀하고 산림자원이 적기 때문에 규모가 작은 홑집이 많다. 또한 홑집은 채광과 통풍이 좋기 때문에 한서의 차가 큰 한반도 기후에 적당하여 한반도 전역에 걸쳐 나타나고 있다.

홑집은 다시 一자형으로 된 단채집, 一자형이 기본이나 부속 건물이 붙어서 二자형으로 된 쌍채집, ㄱ자집, ㄴ자형, ㄷ자형 등의 꺾음집, 쌍채집 형식과 꺾음집 형식이 결합된 ㅁ자형을 이루는 똬리집 등의 형태로 나눌 수 있다.

(2) 겹　집

겹집은 용마루 아래 방들이 두 줄 또는 세 줄로 배치되어 있고, 기둥이 복판에 배열된 집을 말한다. 방들이 마주 보아 바깥에 덜 노출되어 추운 북쪽 지방에 유리하다(국립국어연구원, 2002). 겹집은 평면 구성의 특성에 따라 일자(日字)집, 월자(月字)집, 용자(用字)집, 전자(田字)집 등의 형태로 나눌 수 있다.

2) 지붕 재료

지붕은 자연환경과 문화적 특성에 따라 그 형태와 기능에서 큰 차이를 보인다. 한옥은 지붕의 재료에 따라 기와집, 초가집, 샛집, 너와집, 굴피집, 겨릅집 등으로 나눌 수 있다.

(1) 기와집

기와집은 지붕을 기와로 이은 집으로 주로 중류 · 상류 주택에서 많이 찾아볼 수 있다. 기와집을 한 채 지으려면 천 석은 해야 한다는 말이 있을 정도로 기와집은 부를 상징하는 것이었다.

(2) 초가집

초가집은 볏짚으로 지붕을 만든 것으로서 볏짚은 서민 주택인 민가의 지붕 재료로 가장 흔하게 사용되었다. 볏짚은 속이 비어 있어서, 그 안의 공기가 여름에는 햇볕의 뜨거움을 막아 주는 구실을 하였다. 초가는 따스하고 부드럽고 푸근한 느낌을 주며, 또한 한 해에 한 번씩 덧 덮어 주므로 언제나 밝고 깨끗한 인상을 준다.

(3) 샛 집

샛집은 들이나 야산에서 나는 야생풀을 썼는데, 그 수명이 이십 년에서 삼십 년이나 되어 한 세대마다 한 번씩 덮어 사용하였다. 샛집은 지붕이 무거워 튼튼하게 지어야 했으며, 그늘져 습기찬 곳은 쉽게 썩기 때문에 부분적으로 갈아 끼워 사용해야 했다.

(4) 너와집

너와집은 돌기와집, 널기와집, 너새집으로 불리기도 하는데, 나무나 돌을 지붕재료로 사용하였다. 강원도 산간 지방의 화전민 주택에 많다.

(5) 굴피집

굴피집은 20년쯤 자란 상수리 나무의 밑둥에서 떼어 낸 껍질로 지붕을 이은 것인데 보통 두 겹으로 덮었다. 굴피로 덮으면 여름에 덜 덥고, 겨울에 덜 추운 장점이 있으나 누더기를 덮은 것처럼 지저분하게 보이기도 하였다. 굴피는 건조하면 틈새가 벌어지나, 비가 오면 다시 늘어나서 비가 새지 않고 수명이 긴데, 이 또한 강원도 같은 산간 지방에서 많이 짓는다.

(6) 겨릅집

겨릅집은 마(麻) 껍질을 벗겨 지붕 재료로 사용한 집으로, 볏짚을 쉽게 구할 수 없고 마를 다량으로 키우는 지방에서 많이 짓는다.

3) 벽 체

벽의 재료에 따라서 크게 토벽집, 귀틀집으로 나눌 수 있으나, 대부분의 한옥은 토벽집이다.

(1) 토벽집

토벽집은 벽에 외(椳)를 엮고 흙을 발라서 꾸민 집으로 '토담집' 이라고도 부른다. 토벽집은 목재로 기둥, 도리, 보 등을 만들 수 없는 서민들이 짧게 썬 볏짚을 넣은 진흙으로 벽체를 쌓고 이 위에 지붕틀을 얹어 건립하였다.

(2) 귀틀집

귀틀집은 목재가 풍부한 산간 지방에서 화전민들이 많이 지은 집으로 통나무의 양 끝에 홈을 파서 우물 정(井)자 모양으로 서로 엇물리게 포개어 벽체를 만들어 이 위에 지붕틀을 얹어 세운 집이다. 이 귀틀집은 평안북도에서는 틀목집, 평안남도에서는 방틀집 또는 목채집이라고 부르고, 울릉도에서는 투막집 또는 투방집이라고도 한다.

4) 용도에 의한 유형

한옥은 용도에 따라 막살이집, 움집, 해막(解幕)으로 나눌 수 있다(문미옥, 2001, 재인용).

(1) 막살이집

막살이집은 대개 바닥이 흙이고, 화로 자리가 있으며 잠자는 자리가 한 공간에 있는 집을 말한다. 조그마한 농가로서 아무렇게나 살기 위해 지었다는 의미로 '막집' 이라고도 불렀다. 또한 작다는 의미를 지닌 '오' 자를 머리에 두어 '오막살이집' 이라고도 하였다.

(2) 움 집

움집은 가난한 사람들이 가장 손쉽게 지을 수 있는 집을 말하는 것으로 '움막집' 이라고도 부른다. 움집은 대략 1m나 1.5m 가량의 둥근형도 타원형도 아닌, 그렇다고 네모나지도 않은 형태로 땅을 파고, 그 바닥부터 기둥을 세워 지붕을 받치게 하였다. 드나들기 쉽게 한쪽에 입구를 내고 발을 디딜 수 있게 턱도 만들었다. 지붕은 칡 등의 끈으로 나무 사이를 잘 메우고 거기에 풀이나 새 같은 것으로 이엉을 잇거나 짐승 가죽으로 덮어 비바람을 피할 수 있게 하였다.

(3) 해 막

해막은 충청남도 도서 지방에 있던 임산부를 위한 임시 거처를 말한다. 해막은 마을을 등진 산기슭에 보통 방 두 칸에 부엌 한 칸으로 지었으며, 막직이 내외가 상주하였다. 임산부는 이곳에 가서 막직이 내외의 도움을 받으며 해산했다.

6. 한옥의 공간 구성

한옥은 여러 종류의 공간들이 모여 하나의 큰 공간을 구성하는데 이들 각 공간들은 주거 기능에 따라 공간이 분화됨으로써 발생했다. 한옥의 공간은 취침 공간, 일상 거처 공간, 취사 공간과 식사 공간, 수장 공간, 접객 공간, 휴식공간, 생리 위생 공간 등으로 구성된다. 이들에 대해 구체적으로 살펴보면 다음과 같다.

1) 취침 공간

선사시대 움집에서는 하나의 공간 속에서 남녀 구별 없이 취침을 하였으나, 조선시대의 주거인 한옥에서는 남녀가 서로 다른 공간에서 취침을 하였다. 이는 조선시대가 숭유억불(崇儒抑佛)을 국시(國是)로 하여 '남녀유별', 나아가 남존여비의 의식이 점차 심화되었기 때문이며 이로써 이른바 '내외법(內外法)'이 엄격하게 지켜졌기 때문이다. 따라서 중인집, 사대부집에서는 안채의 안방이 여주인의 취침 공간이고, 사랑채의 침방이 남주인의 취침 공간이 된다.

한편, 안채와 사랑채가 독립된 채로 분리된 경우가 아니고, 한 채로 연속된 경우에도 취침 공간은 안방과 사랑채의 침방으로 나뉜다. 또 이른바 초가삼간(草家三間)으로 표현되는 서민계급의 주택이나 양반집의 가랍집(호지집) 등에서는 부엌 쪽의 아랫방에서는 안주인이 여아들과 취침하고, 윗방에서는 바깥주인이 남아들과 함께 취침하게 된다. 그렇지만 부엌 한 칸, 방 한 칸의 초가이거나, 양반집의 솔거노비의 취침 공간은 한 방에서 여러 식구가 취침할 수밖에 없었다.

2) 일상 거처 공간

일상 거처 공간은 안방, 건넌방, 사랑방, 별당 등으로 분류될 수 있다. 구체적인 설명은 다음과 같다.

(1) 안 방

남존여비사상과 내외법(內外法)이 엄격하게 적용되었던 조선시대에는 부인의 거처가 남편의 거처인 사랑과 별개로 건립되는 것이 원칙이었다. 즉, 안방은 안주인의 일상 거처이며, 안주인의 취침 공간이다. 그만큼 사적인 공간이어서 안방은 대문으로부터 멀리 떨어져 집의 제일 안쪽에 있으며, 보통 부엌이 딸려 있다(국립국어연구원, 2002). 때로는 직계가족들이 모이는 거실과도 같은 역할을 하며, 안주인의 손님을 맞이하는 곳이기도 하여 생활권으로 바뀌기도 한다.

(2) 건넌방(상방, 모방)

건넌방은 안방과 대청을 사이에 두고 마주하고 있으며, 일반적으로 새며느리의 취침 공간인 동시에 일상 거처 공간이 된다. 경상도에서는 이 방을 '상방' 이라 부르며, 안방 물림 후 노모가 이 방으로 물러나 취침 공간과 일상 거처 공간으로 사용한다. 호남 지방에서는 이 방을 '모방' 이라고 부르기도 한다.

(3) 사랑방

사랑방은 한 집안의 가장이 주로 거처하는 방을 이른다. 양반집과 같은 상류 주택에서는 사랑채에 사랑방과 침방을 만들고 사랑방은 일상 거처 공간으로, 침방은 취침 공간으로 사용한다. 그러나 침방을 따로 두지 못한 주택에서는 사랑방이 일상 거처 공간인 동시에 침방의 기능을 한다.

초가삼간과 같은 서민 주택에서는 윗방이 사랑방 기능을 하고, 서울의 서민 주택에서처럼 대문간을 중심으로 안채와 사랑채가 구별되는 'ㄷ자집' 에서는 대문간에 면한 문간방이 사랑방 기능을 하며, 또 침방처럼 취침 공간 기능을 하게 된다.

(4) 별 당

별당은 안채 가까이 또는 사랑채 가까이에 일반적으로 一자형 평면으로 방과 대청, 아궁이 부엌간으로 구성된다. 안채 가까이 있는 별당은 출가할 규수나 안방을 물려준 노모, 또는 소실의 일상 공간이자 취침 공간으로 사용되기도 하며, 때로 안채에 찾아온 안손님들을 맞이하는 접객 공간으로 이용된다. 때에 따라서는 이 별당을 큰사랑채로 사용하기도 한다.

3) 취사 공간과 식사 공간

취사 공간과 식사 공간으로는 부엌, 찬간, 반빗간 등으로 분류할 수 있다. 이들에 대해 구체적으로 살펴보면 다음과 같다.

(1) 부 엌

부엌은 안방 옆에 붙어 있으며, 바닥은 흙이고, 안방 쪽으로 아궁이와 부뚜막을 만들어 솥을 건다. 부엌을 정지 또는 정주간이라고도 한다.

(2) 찬간, 찬방

찬간은 우물마루로 바닥을 이룬 공간이고 찬방은 온돌 바닥으로 이루어진 공간인데, 이곳에서는 음식을 만들고 보관한다. 일반적으로 부엌의 아궁이 맞은 쪽에 자리한다.

(3) 반빗간(飯婢間)

반빗간은 주로 큰 집에서 안채와 떨어진 곳에 별채로 건립된다. 이 반빗간은 아궁이 부엌, 찬마루, 방, 곳간, 광 등으로 구성되어 이곳에서 찬모(饌母)의 지휘 아래 반빗아치들이 취사 행위를 하고 또 침모(鍼母) 아래 바느질과 빨래를 한다. 반빗간이 따로 건립될 때에는 안채의 안방 옆, 본래 부엌 자리에는 하부에 함실아궁이, 상부에 누다락을 두어 이 누다락에서 안주인이 더운 여름철을 시원하게 지낼 수 있게 한다.

4) 수장 공간

수장 공간(收藏空間)은 주생활에 이용되는 각종 도구들과 음식의 재료인 각종 곡물과 장료 등을 보관하는 곳이다. 수장 공간에는 벽장, 다락, 뒤주, 고방, 광, 곳간, 과방, 움 등이 있다. 이들에 대해 구체적으로 살펴보면 다음과 같다.

(1) 벽 장

일반적으로 일상 거처 공간, 취침 공간인 방의 한쪽 벽면에 만들어지며, 여기에는 일상 시 필요한 자잘한 물건들과 때로 의복, 음식 중 다과나 꿀과 같은 것, 극히 중요한 물건들을 보관한다.

(2) 다 락

다락은 안채 안방의 부엌 상부 전체에 우물마루나 장마루를 놓아 만들고, 안방 부엌 쪽 벽체에 출입문인 다락문을 만들어 출입하게 한다. 일반적으로 이 다락에는 집 안의 중요한 물건들을 수장한다.

(3) 뒤 주

뒤주는 곡물을 보관하는 수장 공간으로 작은 것은 가구(家具)로 만들어지는데, 쌀을 넣는 쌀뒤주와 잡곡을 넣는 잡곡뒤주로 나뉜다. 잡곡뒤주는 크기가 작다. 또 집 안에는 대청 건넌방 앞이나 부엌 옆에 한 칸의 뒤주간을 만드는 경우가 있다.

(4) 고 방

고방(庫房)은 일반적으로 안방의 위쪽이나 옆에 만들어져 물건을 보관하는 수장 공간이다.

(5) 광

광(廣)은 여러 칸(間)이 모여 한 채로 이루어지는 경우와 중문간 행랑채나 대문간 행랑채에 몇 칸으로 지어지는 경우가 있다.

(6) 곳간, 곡간

일반적으로 곳간은 광과 마찬가지로 여러 칸으로 된 별채의 '곳간채' 로 만들어지거나, 다른 채에 부속된 수장간으로서 이를 '곳간' 이라 하는데, 이는 모두 광채나 광과 같은 뜻으로 쓰인다.

(7) 과 방

다과(茶菓)를 만들어 보관하는 방으로서, 일반적으로 양반집에서 안방과 연결된 곳에 둔다.

(8) 움

일반적으로 뒷마당에 움을 짓는다. 겨울 동안 먹을 채소들을 보관하는 '채소움' 과 집 안에서 키우던 화초들을 보관하는 '화초움' 이 있다.

5) 접객 공간

접객 공간(接客空間)은 손님을 맞이하는 공간으로 일반적으로 사랑채의 사랑방, 대청, 누마루는 주인의 일상 거처 공간이면서 접객 공간으로 쓰였다. 또한 안채의 안방, 대청은 안주인의 접객 공간으로 쓰였다. 때로는 별당이 접객 공간으로 쓰이기도 하였다.

6) 휴식 공간

휴식 공간(休息空間)은 일반적으로 취침 공간과 같은 공간이지만 한 걸음 나아가 주간에도 휴식을 취하기 위하여 정자나 누 등을 짓기도 하였다.

7) 생리 위생 공간

생리 위생 공간은 배설행위와 수세와 목욕을 행하는 공간으로, 배설행위를 위해서는 측간(厠間)을 만들었다. 가난한 서민들은 한 칸의 측간을 남녀 공동으로 이용하였지만 양반집에서는 일반적으로 남자들만이 사용하는 외측(外厠)과 여자들만이 이용하는 내측(內廁)을 행랑채와 안채 주변에 따로 지었다. 그러나 요강을 두어 야간에는 물론 때로 주간에도 안방 옆의 골방이나, 사랑채의 침방에서 소변을 보았다.

세수간이나 목욕간은 따로 짓지 않는데, 일반적으로 안사람들은 부엌 안마당이 세수간이 되고, 주인은 사랑채 앞 기단에 세숫대야를 놓고 세수를 한다.

한편, 안사람들은 일반적으로 부엌이나 광에서, 또 방에서도 큰 그릇에 더운 물을 부어 목욕을 하였다.

7. 한옥을 짓는 순서

집 한 채를 짓기 위해서는 많은 사람이 동원되고 여러 단계의 작업을 거치게 된다. 한옥 짓는 순서는 터 닦기와 주춧돌 놓기, 기둥 세우기, 뼈대 만들기, 기와 만들기, 지붕 얹기, 벽과 바닥 만들기 등이다. 이를 구체적으로 살펴보면 다음과 같다.

1) 터 닦기와 주춧돌 놓기

집짓기에서 제일 먼저 할 일은 집터를 좋은 곳에 잡는 일이다. 우리 민족은 예로부터 산을 뒤에 두고 앞으로는 호수를 면한 곳(배산임수), 양지바른 남향의 기름진 땅, 인심이 후한 곳을 가장 좋은 집터로 선정하였다.

좋은 집터를 선정하면 지면을 높이고 든든히 다지는 작업을 하였는데, 이를 집터 닦기라 한다. 집터 닦는 순서는 다음과 같다(강영환, 1996).

(1) 터 고르기

터를 고를 때는 먼저 큰 돌들을 골라낸 다음 높은 곳을 깎아 내고 낮은 곳은 흙을 메워 집터를 평평하게 한다.

(2) 기단 만들기

기단은 자연석이나 다듬은 돌을 바깥쪽으로 쌓고 안쪽에 흙을 메워 건물이 들어설 곳을 마당보다 높게 쌓아 만든다.

(3) 기둥 자리 정하기

기둥을 세울 때는 건물을 낮힐 방향을 잡은 다음, 기둥이 들어설 자리에 말뚝을 박고 실을 묶어 표시를 한다. 그 후 땅을 다지고 기둥을 세운다.

(4) 기둥 자리 다지기

기둥 자리를 다질 때에는 기둥 세울 자리를 달구로 단단하게 다진다. 달구를 들어 올렸다가 놓으면, 달구가 떨어지는 힘으로 땅이 다져진다.

(5) 주춧돌 박기

기둥 자리를 다진 후에는 주춧돌을 놓는다. 주춧돌은 집 전체의 무게를 받아 그것을 지반에 안정시키는 중요한 건축 구조물이기 때문에 매우 중시한다. 주춧돌은 자연에 있는 돌을 그대로 쓰기도 하고 다듬어 쓰기도 한다.

2) 기둥 세우기

주춧돌을 놓은 다음에는 그 위에 기둥을 세운다. 대목은 기둥의 숫자와 길이·굵기를 정하여 목재에 표시를 한다. 대목의 지시에 따라 일꾼들은 자귀와 대패 등의 목공 도구를 이용하여 거친 목재를 다듬어 매끈한 기둥을 만든다.

기둥이 준비되면 기둥을 주춧돌 위에 똑바로 세우는 작업을 한다. 울퉁불퉁한 주춧돌의 표면을 기둥에 옮겨 그린 다음, 끌로 기둥 밑둥을 깎아 낸다. 이를 그랭이질이라고 한다. 그랭이질이 끝나면 기둥은 아무런 버팀목이 없어도 주춧돌 위에 똑바로 서게 된다. 기둥이 수직으로 서지 않으면 집 전체가 기울어지게 된다. 이 작업은 숙련된 기술을 필요로 하기 때문에 경험이 많은 대목만이 할 수 있다.

3) 뼈대 만들기

기둥이 곧게 서면 기둥 사이에 목재를 연결하여 기둥이 쓰러지지 않도록 한다. 집을 정면에서 보았을 때 기둥을 가로 방향으로 연결하는 목재를 '도리'라고 하고, 세로 방향으로 연결하는 목재를 '보'라고 한다. 기둥 위에 도리와 보를 짜 맞추면 육면체의 튼튼한 틀이 만들어진다.

육면체의 틀 위에 다시 삼각형의 지붕대를 얹으면 집의 뼈대가 완성된다. 삼각형 지붕의 꼭짓점에 해당하는 자리에 얹는 목재를 마룻대라고 한다. 마룻대를 올리는 것이 '상량' 이다.

옛사람들은 상량을 하고 나면 집을 짓는 주요 공정이 끝났다고 여겼다. 그래서 집주인은 이때 큰 잔치를 베푼다. 집이 튼튼하게 세워진 것을 축하하고 지금까지 고생한 대목들을 위로하기 위한 것이다.

4) 기와 만들기

기와는 모양이 아름답고 비바람에 오래 견디는 좋은 지붕 재료이다. 그러나 여러 단계의 복잡한 공정을 거쳐서 만들어지기 때문에 일반 사람들이 만들기는 어려웠다. 그래서 '와공' 이라고 부르는 기와를 다루는 기술자들이 따로 있었다.

5) 지붕 얹기

지붕을 만들기 위하여 먼저 '서까래' 를 건다. 서까래는 삼각형의 지붕대에서 빗변 방향으로 놓는 목재를 말한다. 한옥에서 가장 아름다운 부분은 처마의 곡선이다. 처마는 멀리서 보면 좌우로 날렵하게 치켜져 있고, 가까운 곳에서 보면 안쪽으로 휘어 있다. 이 아름다운 처마 선의 비결은 바로 서까래를 거는 솜씨에 달려 있다.

서까래가 놓이면 수수깡이나 갈대 등 잔가지를 엮어 덮는다. 이를 '산자' 라고 한다. 산자는 지붕 위에 덮을 흙이 서까래 아래로 빠지지 않도록 해준다. 산자 위에 흙을 덮어 지붕의 곡선을 만들어 가면서 기와를 얹는다. 지붕에 흙을 덮으면 빗물이 스며들지 않는다. 또한 흙은 바깥의 열을 막아 준다.

6) 벽과 바닥 만들기

뼈대와 지붕을 만든 뒤에는 벽과 바닥을 만든다. 벽을 만들기 위해서는 먼저 기둥과 기둥 사이에 '인방'이라는 목재를 끼운다. 그리고 창이나 문이 들어갈 자리는 '문설주'라는 기둥을 미리 만들어 둔다. 우리나라 벽은 대부분 흙으로 된 벽이다. 흙벽은 지붕을 만들 때와 마찬가지로 수숫대나 싸릿가지로 바탕을 마련하고, 양쪽에서 흙을 발라 만든다.

벽을 바르면서 방바닥에는 구들을 놓고, 마루에는 마룻바닥을 깐다. 불에 타지 않는 흙과 돌로 만들어진 구들은 한번 불을 때면 열이 쉽게 식지 않아 오랫동안 따뜻하다. 그리고 나무 널빤지를 깔아 만든 마루는 바람이 잘 통하여 한여름에 앉아 있어도 땀이 차지 않고 시원하다.

7) 창과 문을 달고 도배

창은 채광, 통풍을 위하여 홑창호지를 바르는 경우가 대부분이며, 창살 문양의 종류가 다양하였다. 상류 주택에서는 일반적인 사각형의 창 외에 원창, 반월창 등을 사용하기도 하였으나, 직선형의 건축 형태와 조화가 잘 안 되어서인지 그리 많지는 않았다. 전통한옥의 창은 창호지를 사용하였고 또 문풍지가 있어 따로 환기에 신경을 쓸 필요가 없어 고정된 봉창 같은 것이 발달하였다. 창에는 봉창, 화창, 광창, 교창, 눈곱재기창, 살창, 갑창 등이 있다.

한편, 한옥의 출입문은 위치나 용도에 따라 그 구성 및 모양이 달랐다. 부엌의 출입문이나 대청 뒷면의 문은 판장문과 같은 두꺼운 문을 설치하였으며, 대청에는 들어열개문을 설치하였다.

보통 문은 이중문으로 하였는데, 바깥쪽의 것을 덧문이라고 하였다. 덧문은 방한이나 방범의 용도로 쓰였으며, 방과 방 사이에는 샛장지를 설치하였는데, 때로는 갑장지문을 쓰기도 하였다. 이러한 장지문들에는 채광을 고려하여 창호지를 발랐는데, 문살은 완자살과 아자살이 대부분이고, 이처럼 문살을 세밀하게 나눈 세 살문은 모두 쌍여닫이, 미닫이 형식으로 되어 있다.

한반도의 북쪽으로 갈수록 문살의 밀도가 낮은 정자문살이 사용되었고, 남쪽으로 갈수록 문살의 밀도가 높은 창살이 사용되었다. 이것은 일조량이 적은 북쪽에서는 보다 많은 빛을 방 안에 들이기 위해, 남쪽에서는 보다 적은 빛을 방 안에 들이기 위해 문에서 종이의 면적과 살의 비율을 달리한 것이다.

5장 전통음악

1. 전통음악이란

전통음악이란 우리 민족 고유의 음악을 의미하며, 한국음악(韓國音樂)을 줄인 말로 '국악(國樂)' 이라고도 부른다. 국악은 예로부터 전해 온 전통음악을 뜻하거나 전통양식을 주로 한 근년의 새로운 창작음악 전부를 망라한다(신대철, 1993). 그러나 국악이란 일반적으로 전자의 의미로 사용된다. 국악에는 우리 민족의 정서가 배어 있을 뿐만 아니라 우리의 언어가 갖는 특성이 자연스럽게 소리로 표현되어 있으며, 우리 민족의 음악에 대한 생각, 나아가 우리 민족 특유의 삶에 대한 자세까지도 그대로 담겨 있다(강해인, 2002).

동양에서는 예로부터 이예악치천하(以禮樂治天下), 심음이지악(審音而知樂)이라 하였다. 이는 현명한 군주는 악리(樂理)를 밝히고 악제(樂制)를 갖추는 일을 게을리하지 않았고, 선비는 금(琴)과 소(簫)를 울리어 몸과 마음을 닦이게 힘썼다는 의미이다(차용준, 2002). 이렇듯 음악은 철학으로, 또 나라의 정책으로 받아들여져 옛날부터 음악을 중요시하였다.

2. 전통음악의 역사

우리나라의 음악에 대한 가장 오래된 기록은 중국 진(晋)나라의 진수가 지은 『삼국지』이다. 『삼국지』 권 30의 《위지》 〈동이전〉에 의하면 상고사회의 공연활동은 노래와 춤, 곧 가무(歌舞), 삼국시대부터 고려 전기까지의 공연활동은 기악(器樂), 노래, 춤, 즉 악가무(樂歌舞)로 대표될 수 있다. 상고사회의 가무는 하늘에 복을 비는 유목사회의 제천의식이나 농경사회의 기풍제(祈豊祭)에 참여한 백성들에 의해서 공연되었다. 그러나 삼국시대의 악가무는 국가 체제의 완비에 따라서 왕족과 귀족을 위하여 주로 궁중에서 공연됐기 때문에, 신라 음성서 같은 왕립음악기관의 전문 음악인들에 의해서 연주되었다는 특징을 갖는다.

제천행사에서 시작된 우리나라의 전통음악은 우리의 유구한 역사와 찬란한 문화와 함께 우리만의 독특한 특성 밑에서 발전해 왔다. 상고시대부터 시작된 전통음악의 발달사를 연대별로 간략히 정리해 보면 다음과 같다(송방송, 1999; 이성천, 1995; 인터넷 자료 : 국립국악원 www.ncktpa.go.kr, 함께하는 우리 http://www.koreartnet.com, Daum 백과사전 http://enc.daum.net/dic100).

1) 상고시대

상고시대는 3세기 이전의 시대로서, 고대 중국인들은 우리 민족을 이족(夷族) 또는 동이족(東夷族)이라 불렀으며, 동이족의 음악을 주리(侏離)라 하였고, 춤은 지모무(持矛舞)라 불렀다.

상고시대는 수렵, 채취와 농사를 시작하던 시기였으므로 안전한 생활과 식량의 풍요를 기원하는 '사냥굿'이나 '농사굿' 등 노래와 춤으로 하늘에 제사를 지냈다. 이러한 제천의식은 정월에 부여(夫餘)의 '영고(迎鼓)', 10월에 고구려의 '동맹(東盟)'과 동예의 '무천(舞天)' 등의 이름으로 거행되었다. 나라 전체

사람들이 크게 모여 며칠을 계속해서 술 마시고 밥 먹고 노래 부르고 춤추는 국가적 규모의 축제는 한반도 전체의 일반적인 문화 현상이었음을 알 수 있다. 또한 이를 통해 음악과 춤이 제천의식에서 없어서는 안 될 중요한 요소였음이 명백해진다.

한편, 『삼국지』에는 한반도의 남쪽 '변진(弁辰)'에 가야고의 전신으로서 '고'라고 불렸을 것으로 추정되는 현악기가 있었다는 기록이 있다. 이는 우리나라에서 연주되던 현악기의 가장 오래된 원류라 추측되기도 한다.

2) 삼국시대

삼국시대는 고구려와 신라, 백제, 가야가 제각기 고유한 국가 체제와 문화를 형성하였던 3세기경부터 신라가 삼국을 통일한 668년까지의 시기를 말한다. 삼국 이전 상고사회의 제천의식이나 기풍제에서 거행된 가무가 이 시대에 이르러 궁중의 악가무(樂歌舞)로 발전하게 되었다. 즉, 기악, 노래, 춤에 의한 종합 공연 예술이었다. 한편, 고구려에서는 거문고가, 가야에서는 가야금이 창안되어 이 시대의 음악사를 주도했다. 그런가 하면 삼국시대에는 외국과의 정치·문화 교류가 활발해짐에 따라 중국과 서역의 음악이 전래되었으며, 삼국의 음악이 중국, 일본에 진출함으로써 전례 없는 국제교류 시대가 전개되었다.

(1) 고구려

압록강과 남만주 일대를 활동무대로 세력을 확장했던 고구려는 삼국 중에서는 가장 일찍 중국 북조와 중앙아시아의 악기를 수용하였다. 고구려의 음악문화를 살필 수 있는 자료로는 고구려 고분의 벽화와 『삼국사기(三國史記)』, 『고려사(高麗史)』, 『수서(隨書)』, 『구상서(舊唐書)』, 『신당서(新唐書)』, 『북사(北史)』, 『일본후기(日本後紀)』 등의 문헌이 있다.

고구려의 음악문화를 대표하는 악기는 거문고이다. 『삼국사기』 악지(樂誌)에 의하면 진(晋)나라에서 보내온 중국의 칠현금(七絃琴)을 왕산악(王山岳)이 개조하여 만들었다고 한다. 거문고는 현학금(玄鶴琴)이라고도 부르는데 이는 새로 만든 악기로 연주했더니 갑자기 '검은 학(玄鶴)'이 내려와 춤을 추었기 때문이라고 한다. 후에 '현금(玄琴)'이라 부르다가 현재는 거문고라 부른다. 거문고는 고구려 멸망 이후 신라의 가야금과 함께 향악의 대표적인 현악기로 꼽히었다. 거문고는 독주악기로, 노래와 춤의 반주악기로 사용되었고, 백제를 통해 일본에 전해져 '구다라고토(百濟琴)'라 불렸다.

또한 5세기 무렵 중앙아시아로부터 북중국을 거쳐서 고구려에 수용된 대표적인 외래악기는 오현비파와 횡적이다. 오현비파는 고려시대에 이르면서 비파 또는 향비파로 기록되었다. 횡적 또는 횡취는 글자의 뜻대로 젓대처럼 가로 잡고 부는 관악기의 일종이다. 거문고 및 외래악기인 오현비파와 횡적은 고구려의 왕립음악기관에서 왕족과 귀족층을 위해서 새로운 악가무의 공연예술로 발전시키는 원동력이 되었다. 고구려 멸망 이후 거문고와 횡적 두 종류의 악기는 통일신라에 수용되어 향악기의 삼죽(三竹)과 삼현(三絃)의 뿌리가 되었다.

한편, 황해도 안악 제3호분(357년 축조, 중국에서 귀순한 장군인 동수(冬壽)의 묘로 추정)에 춤추는 서역인의 모습이 그려져 있다. 이러한 고분벽화를 통해 이 시기에 고구려가 이미 한나라나 서역과 음악 교류가 있었음을 알 수 있다.

이렇듯 일찍이 수준 높은 음악문화를 형성한 고구려 음악인들은 '고려기' 또는 '고려악'이란 이름으로 중국의 수나라와 당나라 그리고 일본의 나라(奈良) 조정에서 활발히 해외 활동을 전개할 수 있었다.

(2) 백 제

한반도의 남서쪽에 위치했던 백제 또한 중국 남조의 악기를 수용함으로써 음악문화를 새로운 차원으로 발전시킬 수 있었다. 백제의 음악문화를 살필 수 있는 자료는 금동용봉봉래산향로(金銅龍鳳蓬萊山香爐)와 『삼국사기(三國史記)』·『수서(隋書)』·『구당서(舊唐書)』·『일본서기(日本書紀)』 등의 문헌이다.

『수서』의 〈동이전(東夷傳)〉에 의하면, 6세기경 백제 음악에서 사용된 고

(鼓)·각(角)·공후·쟁(爭)·우(芋)·지·적(笛) 등 일곱 가지 악기 중 고와 각을 제외한 5종의 악기는 중국 남조의 청악(淸樂)에서 연주된 악기들과 일치한다. 따라서 외래악기의 수용과 함께 향상된 미의식과 음악관을 지녔던 시덕, 계덕, 진노 그리고 대덕 4명의 백제악사들이 고려악사처럼 일본 조정에서 국의를 선양할 수 있었다.

한편, 『일본서기』의 기록에 의하면 백제인 미마지(未摩之)가 612년 일본에 귀화하면서 중국 남조의 오(吳)나라에서 배운 가면극의 일종인 기악무(伎樂舞)를 일본에 전했다고 한다. 교훈적인 불교의 내용을 포함하고 있어 주로 사찰을 중심으로 전승된 기악무의 줄거리와 구성은 우리나라의 〈양주산대놀이〉와 비슷한 것으로 알려져 있다.

(3) 신 라

옛 진한 땅 경주 지방의 사로국에서 발전한 신라는 삼국 중 가장 늦게 왕국을 건설하여 4세기 후반에 이르러 그 세력이 막강하였고, 6세기에 가야국을 병합하였으며, 7세기에는 당나라와 연합하여 삼국을 통일하였다. 신라의 음악은 가야의 우륵을 통하여 가야의 음악을 수용한 후 궁중음악의 새로운 기틀을 세우는 등 음악문화 발전에 전기를 마련했다. 통일 이전의 신라음악은 가야고로 연주하던 음악과 향가가 있었다. 이 시기의 음악문화를 엿볼 수 있는 자료는 『삼국사기(三國史記)』, 『수서(隋書)』, 『일본후기(日本後紀)』 등이다.

『삼국사기』의 기록을 보면, 가야고는 6세기 전반 대가야국의 가실왕이 당나라의 악기를 보고 만들었다고 하나, 대가야국의 진한에 '슬'이라는 '고'가 있었으므로 가야고는 '고'를 개량한 악기가 아닌가 추측된다. 왕은 우륵에게 대가야국의 지방 음악과 놀이와 관계된 12곡을 작곡하게 하였는데, 후에 나라의 전란으로 우륵은 가야고를 가지고 신라로 망명하였다. 가야고는 신라시대의 유일한 악기로서 독주와 노래, 춤이 함께 편성되어 궁중과 민간에 널리 퍼졌다.

『일본후기』에 의하면 금(琴)·가(歌)·무(舞)로 편성된 신라의 음악이 일본에 전해져 일본 궁중에서 809년까지 연주되었다고 한다. 그러나 신라의 음악은 간소한 것이어서 중국에는 알려지지 못하였다.

한편, 대략 7세기경 진덕왕 5년(651)에 국가 음악기관인 음성서(音聲署)의 관직을 두었다는 기록이 있다. 음성서 관리의 지휘 아래에 있었던 악기 연주자, 가수, 무용가들은 모두 척(尺)이라 불렀다.

마지막으로, 향가는 민간에서 노래했던 신라의 가요이다. 유리왕 6년(28년) 최초로 국가가 제정한 향가인 도솔가가 생겼다. '도솔'은 원래 '주리', '도리'에서 빌어 온 글자로서 도솔가는 농악, 두레의 '두리노리', '도리노리'에 해당하고 또 도살푸리와 살푸리의 뜻을 가진 음악이다. 향가는 『삼국유사』, 『균여전』에 25수가 가사로 남아 있고, 『고려사』, 『증보문헌비고』에 향가의 제목만 전하고 있으나, 음악의 형태나 악기의 숫자, 노래와 춤의 모양은 알 수 없다.

3) 통일신라시대

통일신라시대의 음악 문화는 고구려와 백제의 음악을 수용하고 여기에 당나라의 음악, 서역음악을 더 넓게 받아들여 통일왕국다운 음악시대를 열어 나갔다. 더욱이 이 시대에는 불교음악이 본격적으로 전래되었으며, 궁중에서는 삼현 · 삼죽(가야금 · 거문고 · 비파 · 대금 · 중금 · 소금)이 주축을 이루는 향악의 전통을 수립하였고, 또 상류사회 지식계층에는 거문고를 중심으로 한 금가(琴歌)의 문화가 맥을 이었다. 또 민간에서는 고대의 제천의식을 수반했던 국중대회(國中大會)의 전통이 불교와 습합된 팔관회(八關會)로 이어지기도 했다.

통일신라의 음악문화를 들여다볼 수 있는 자료는 『삼국사기(三國史記)』, 『고려사(高麗史)』, 최치원의 〈진감선사대공탑비문〉과 〈향악잡영오수(鄕樂雜詠五首)〉, 연기군 비암사 석비와 계유명아미타불삼존(癸酉銘阿彌陀佛三尊石像), 문경군 봉암사 지증대사적조탑(智證大師寂照塔) 등이다.

신라 때의 당악(唐樂)은 당나라 음악으로 당 현종(742) 이후의 속악을 가리킨다. 통일신라가 구체적으로 어떤 당악을 받아들여 연주하였는지는 자세한 기록이 없어 알 수 없지만, 고취(궁중의식이나 군대 행진에 연주되는 일종의 취주악) 형식의 음악일 것으로 짐작된다.

당악에 대칭되는 향악은 신라 고유의 향토음악을 가리키는 것으로, 『삼국사기』 악지에서 언급한 향악은 거문고·가야고·향비파·대금·중금·소금·박·대고 등 8종의 악기를 포함하고 있다. 이와 같은 향악 편성은 통일 이전에 가야금 하나로 노래와 춤을 반주하던 것에 비하여 매우 확대된 것으로, 여기에는 고구려의 악기 거문고와 서역의 악기 향비파, 당나라의 악기 박판과 대고 등이 복합적으로 수용되어 있다. 이처럼 향악의 내용이 확대된 까닭은 그 대비가 되는 당악의 악기 편성과 균형을 이루기 위한 것으로 해석된다.

신라의 뛰어난 문장가였던 최치원은 당대에 연행되던 놀이 다섯 가지를 주제로 〈향악잡영오수(鄕樂雜詠五首)〉라는 시를 지었다. 서역 전래의 놀이를 주제로 노래한 것임에도 불구하고, 이를 '향악'이라 지칭하였다. 이는 신라에 당악이 수용되면서 전래의 향악은 물론 그 이전에 소개된 외래 음악을 한데 아울러 향악이라 불렀을 가능성을 암시해 주는 것이다.

한편, 신라는 불교를 가장 늦게 받아들였으나 공인된 후에는 신라의 사상적 주류로 형성되었고, 불교의 의식음악인 범패와 거사소리 등 불교의식이나 포교 활동으로 불린 음악이 성행하였다.

4) 고려시대

고려시대 음악의 특징은 아악을 들여와 국가적인 제례를 완비시켰으며, 당악이 조의(朝儀 : 왕이 문무백관을 거느리고 조회하는 의식)와 연례에 쓰임으로써 고대인 삼국시대보다 훨씬 다양하고 찬란한 문화를 형성하였다. 그러나 이러한 음악 문화는 당나라와 송나라에서 수입한 것이어서 시대가 지남에 따라 자연히 소멸 또는 변화되어 갔다.

고려시대 음악의 특징을 살펴보면 다음과 같다.

향악(鄕樂)

향악은 동토(東土), 즉 동쪽 나라의 음악이라는 뜻으로, 신라 통일 시기에 당나라 음악이 들어오면서 당악에 대한 우리 음악이라는 의도로 사용되었기 때문에 당악이 들어오기 이전의 모든 우리 음악을 가리킨다. 고려의 향악은 속악(俗樂)이라 불렀다.

고려는 신라 삼현 · 삼죽을 그대로 이어받고, 장구 · 해금 · 피리를 첨가하여 향악을 더욱 발전시켰다. 『고려사』 악지에는 백제악, 신라악, 고구려악 각각 5곡이 통일신라를 거쳐 고려에 전해졌다고 한다. 고려의 궁중연향에서 당악과 향악이 각각 동쪽과 서쪽에 배치되어 고려 음악의 양대 주류를 이루었다.

고려 후기의 향악 중에서 주목되는 것은 '별곡(別曲)'의 출현이다. 별곡은 8장으로 된 〈한림별곡〉이나 13장으로 된 〈청산별곡〉의 경우에서와 같이, 여러 장으로 된 긴 가사가 1장의 음악으로 반복되는 유절 형식의 장가(長歌)이다.

고려의 속악은 대부분 조선시대에 이르러 그 가사가 '남녀상열지사(男女相悅之詞)'라는 이유에서 잡스러운 것으로 간주되었지만, 그 음절은 조선 초기의 궁중음악에 차용됨으로써 그 음악적 내용을 후대에 전하였다. 즉, 〈서경별곡〉은 조선조에 창작된 〈정대업〉의 〈화태〉에, 〈만전춘〉은 〈정대업〉의 〈순응〉에, 〈쌍화점〉은 〈보태평〉의 〈정명〉에 각각 차용되었다.

당악(唐樂)

당악은 당나라, 송나라, 원나라 음악을 합친 이름으로 향악의 대칭으로 사용되어 왔다. 통일신라 때부터 전해지던 당악은 고려 때는 더욱 풍성해져 광종 때 송나라에 사신을 보내 악공을 청하고, 1076년(문종 30년)에는 대악관현방을 정했다. 이때 들여온 당악정재는 〈포구락〉과 〈구장기별기〉, 〈왕모대가무〉, 〈연화대〉, 〈헌선도〉, 〈수연장〉, 〈오양선〉, 〈연화대〉, 〈답사행가무〉 등이다. 당아정재가 등장함으로 인하여 고려왕조의 종합 공연 예술이 한결 다양해졌다.

당악은 고려의 왕립음악기관의 좌부(左部), 곧 좌방(左坊)의 위치를 확고하게 차지하여 우방(右坊) 소속의 향악과 함께 고려 전기 음악사의 양대산맥을 형성하게 되었다.

아악(雅樂)

아악은 종묘 · 사직 등 국가의 중요한 제사에 사용된 중국 고대의 거식음악(擧式音樂)이다. 고려 예종은 송(宋)과 교류하면서 휘종에게 외교사절과 음악인을 보내어 아악을 청하여서, 송나라에서는 대규모의 악기와 의물(儀物), 악보(樂譜)를 구비하여 보내 주었다. 이것이 중국의 신악이 우리나라에 처음 들어온 사례로서 대성악 또는 대성신악이라고도 한다.

고려 후기의 아악은 의종이 무신(武臣)들에 의하여 시해(1173)된 사건을 계기로 악공이 뿔뿔이 흩어지고 아악기가 손실되는 등 그 전승에 적지 않은 타격을 입었다. 그 결과, 금(琴) · 슬(瑟) · 훈(塤, 熏)의 악기가 아악 편성에서 빠졌고, 공민왕 19년(1370)에 이르러 명(明)에서 편종(編鐘), 편경(編磬), 생(笙), 소(簫), 금(琴), 슬(瑟), 배소(排簫) 등을 들여오지 않으면 안 될 지경에 이르렀다. 또 명종 때부터는 제향의 아헌악과 종헌악에 순전한 아악기 연주가 아닌 아악기와 향악기의 합주가 시작되었는데 이는 아악의 정통성을 어지럽히는 결과를 초래하였다. 공민왕도 아악서(雅樂署)를 신설하여 아악 복구 사업을 일으켰으나 크게 성공하지 못하였다. 따라서 제향의 아헌과 종헌에 따른 향악교주를 바로잡지 못한 채 조선 세종 때에 이르러서야 순 아악으로 개정되었다.

음악기관

고려의 음악기관으로는 대악서, 관현방, 아악서가 있었다. 10세기 말 대악서가 처음 설립되었으며, 전악서로 명칭이 바뀌기도 하였다. 대악서는 궁중의식에 따르는 모든 음악 행정을 관장하였다. 모든 음악의 실질적인 연습과 관리는 문종 30년(1076)에 설립된 관현방에서 맡았다. 아악서는 공양왕 3년(1391년)에 관현방이 폐지되면서 악가를 익히기 위한 목적으로 설립되었다.

5) 조선시대

조선왕조의 건국은 우리 문화의 황금기의 시작이기도 했다. 억불숭유(抑佛崇儒) 정책으로 불교는 차츰 쇠미해지고 유교에 기초한 사상, 문화, 예술, 풍속 등이 창출되었으며, 나라를 다스리는 정신은 항시 예(禮)와 악(樂)을 진흥시키는 것으로 국가의 이념을 삼았다. 따라서 중앙에 악(樂)을 관장할 아악서(雅樂署)와 전악서(典樂署)를 두어 악정(樂政)을 바로잡기에 힘써(성경린, 1995), 오늘날까지 전해 오는 우리나라 전통음악의 기초를 세웠다. 조선시대 음악의 특징을 전기와 후기로 구분하여 살펴보면 다음과 같다.

(1) 조선 전기의 음악

이 시기는 건국 시기인 1392년부터 임진왜란이 일어난 1592년까지를 말한다. 이 기간 동안 있었던 음악사의 특색은 불교 억제정책으로 말미암아 고려 전래의 연등회와 같은 불교 관련 행사가 폐지되고, 숭유(崇儒)를 바탕으로 하여 예악(禮樂)이 숭상됨에 따라 아악이 크게 일신된 점, 건국 대업을 칭송하기 위하여 많은 신악(新樂)이 창작된 점, 이와 같은 음악제도를 잘 보존하기 위하여 『악학궤범』과 같은 악서가 발간된 것 등을 꼽을 수 있다.

아악기의 제작

아악기 제작은 세종 7년(1425)에 처음으로 시도되어 1427년 박연이 몇 번의 실험을 거듭한 끝에 율관이 제작되었다. 그 율관에 맞추어 편경과 편종이 제작되었다. 이로써 중국에 의존하지 않고, 필요한 악기를 자급자족할 수 있게 하는 결정적인 계기가 마련되었다.

아악곡의 일신

고려시대의 아악을 답습하던 것을 세종 9년(1427) 12월에 향악교주 전통을 폐지하고, 제향의 처음부터 끝까지 아악기만으로 연주하도록 새롭게 다듬어졌다. 뿐만 아니라 새 아악곡이 제정되어 아악 역사의 주요한 전환점이 되었다. 새로운 아악은 1430년 윤12월에 발간된 『아악보』에 실렸다.

신악(新樂)

조선 전기의 신악은 세종이 창작한 〈봉래의〉, 〈발상〉, 〈보태평〉, 〈정대업〉 등을 가리킨다. 신악은 조선 초기의 악장인 〈수보록〉, 〈몽금척〉, 〈근천정〉, 〈수명명〉 등의 내용이 모두 태조와 태종만의 위업을 담고 있어, 조종(祖宗)의 공덕과 조선 건국의 간난을 두루 형용하기에는 부족하다는 판단에서 이루어졌다.

한편, 세종 때의 신악인 〈보태평〉과 〈정대업〉은 본래 연향악에 사용하기 위한 목적으로 무용을 곁들여 연행되어 왔으나, 세조 때인 1464년 종묘제향악으로 채택됨에 따라 제향음악으로서의 면모를 갖추게 되었다.

정간보(井間譜)의 창안 및 악보 출간

세종 때 기보법인 정간보가 창간되었다. 정간보는 매정간이 시간 단위를 표시하는 유량악보(有量樂譜)인데 음길이는 음이 쓰인 정간 뒤에 빈 정간의 많고 적음으로 음길이의 길고 짧음을 알 수 있다.

창제 당시 1행 32정간으로 만들어진 정간보(『세종실록악보』)는 세조 때 1행 16정간 6대강으로 세분화시켜 악보를 읽는 데 편리하게 되었다.

악서찬집(樂書纂集)

성종 24년(1493)에 조선 전기의 음악을 집대성한 악서인 『악학궤범』을 편찬했다. 『악학궤범』은 당시 장악원에 있던 의궤(儀軌)와 악보(樂譜)가 오래되어 파손되었거나 비록 잘 보존된 것이라 할지라도 그 내용이 소략하고 틀린 점이 많아 이의 증보 교정이 필요하여 유자광(柳子光), 성현(成俔), 신말평(申末平), 박곤(朴混)과 김복근(金福根)이 참여하여 완성되었다.

『악학궤범』에는 음악이론, 악기진설법, 무용, 악기, 의복, 의물 등에 대한 것을 총망라하고 있다. 이를 통해 조선 후기에 전란으로 흩어지고 결락된 악기와

악제를 복구하는 데 큰 역할을 하였다.

당악(唐樂)

조선 전기에는 고려조의 당악, 즉 송악(宋樂)이 그대로 답습되었다. 성종 이후 중국계 아악이 좌방에 소속되면서 당악이 우방의 향악에 포함되어 점차 향악화되었다. 대표적인 것으로는 〈보허자〉와 〈낙양춘〉이 있다.

향악(鄕樂)

조선 전기의 향악은 대부분 고려시대의 향악을 계승하였고, 『대악후보』, 『시용향악보』 및 『금합자보』에 기보되었다. 조선 전기 향악 중에서 주목되는 것은 『금합자보』의 첫머리에 실린 평조의 〈만대엽〉이다.

(2) 조선 후기

조선 후기는 광해군 대(1608~1623)로부터 고종 말(1910)까지를 가리킨다. 이 시대에는 중산층을 중심으로 한 풍류음악의 발전, 일반 백성들의 생활 감정을 표현한 민속음악의 발흥, 아악의 쇠퇴 등을 가장 두드러진 양상으로 꼽을 수 있다.

아악(雅樂)

조선 후기 아악은 임진왜란과 병자호란으로 인하여 단절과 복구의 격동을 겪었으나, 그 내용에 있어서는 조선 전기의 아악 전통을 그대로 계승하였다. 즉, 병자호란(1636)부터 인조 25년(1647)까지 약 10년간이나 단절되었던 사직(社稷)·문묘(文廟) 등의 제향아악은 다시 복구되어 그 명맥을 이었던 것이다. 그러나 복구된 아악의 규모는 매우 축소되었다.

종묘제례악(宗廟祭禮樂)

〈종묘제례악〉도 아악의 경우와 같이 병자호란 후 10년 동안 정지되었다가 다시 복구되어 그 맥을 이었으나, 연주 규모가 감소되었다. 또한, 점차 향악적인 색채를 상실하여 향악도 아니고 아악도 아닌 독특한 음악으로 변모하였다. 즉, 조선 전기의 〈종묘제례악〉은 등가 및 헌가에 향비파 · 가야금 · 거문고 등의 향악기들이 함께 편성되었으나, 병자호란 이후 악기 편성에서 점차 사라지기 시작하여 숙종 대(1674~1720) 이후 완전히 사라짐으로써 악기 편성 면에서 향악의 요소가 거의 배제되었다. 뿐만 아니라 음악의 내용에 있어서도 종래에는 길고 짧은 음의 결합으로 연주되던 〈종묘제례악〉의 음길이가 등시가로 변함으로써 향악으로부터 멀어진 모습을 보여 준다.

정악(正樂)

정악은 노래를 수반하지 않는 기악곡을 가리키는 것으로, 〈영산회상〉 · 〈여민락〉 · 〈보허자〉 등이 대표적인 곡이다. 정악 자체의 변화로는 음악의 속도가 완서함을 강조하는 경향이 되었다는 점이다. 즉, 정악의 음악 속도가 빨라지는 것을 막기 위해 일부러 완서함을 강조하는 경향을 고집한 것이다. 반면, 〈영산회상〉과 같은 음악에는 많은 파생곡과 변주곡이 생겨났다.

가곡(歌樂)

가곡은 거문고 반주를 필수로 하는 점에서 금가(琴歌)와 통한다. 금가는 『양금신보(洋琴新譜)』 시대만 하더라도 〈만대엽〉 · 〈북전〉 · 〈중대엽〉 · 〈감군은〉 등의 곡이 있었다. 『신증금보』 이후 〈감군은〉, 『어은보』 이후 〈만대엽〉, 『유예지』 이후 〈북전〉이 없어졌다. 그리고 〈중대엽〉은 『삼죽금보』에서 장단이 '의거하기 어렵게' 되어 실제 연주에서 제외되었다. 가곡은 점차적으로 느린 만대엽은 사라지고 빠른 곡의 〈삭대엽〉만이 남게 되었다.

가사(歌詞)

가사는 조선 중기 풍류방의 가객 등에 의해 발달하기 시작하여 조선 후기 『삼죽금보』에 이르러 일반 금보에 실리기 시작하였다. 가사는 음악보다 사설이 중심이 되는 음악으로 장구, 대금의 반주로 노래되었다.

오늘날 전하고 있는 가사는 〈죽지사〉·〈어부사〉·〈춘면곡〉·〈상사별곡〉·〈권주가〉·〈백구사〉·〈길군악〉·〈처사가〉·〈매화가〉·〈양양가〉·〈황계사〉·〈수양산가〉 등 12곡이 있다.

시조(時調)

시조는 일명 시절가(時節歌)라고도 하며, 시조가 처음 노래로 불린 것은 영조 때의 가객(歌客) 이세춘(李世春)에 의해서인 것으로 추측된다. 최초의 시조 악보는 이규경(李圭景)의 『구라철사금자보(歐羅鐵絲琴字譜)』이다.

판소리

'타령' 또는 '잡가' 라고 불렸던 판소리는 광대 한 사람이 소리와 말(아니리)로 〈춘향가〉와 같은 긴 이야기를 전개시키는 극음악이다.

19세기 중엽 〈춘향가〉·〈심청가〉·〈박타령〉·〈토끼타령〉·〈적벽가〉·〈배비장전〉·〈강릉매화타령〉·〈옹고집전〉·〈변강쇠타령〉·〈장끼타령〉·〈무숙이타령〉·〈가짜신선타령〉 등 12마당의 판소리곡이 형성되었다가 점점 판소리의 곡 수가 줄어들어 1933년 이선유는 〈춘향가〉·〈심청가〉·〈박타령〉·〈화용도〉·〈수궁가〉 등 5마당을 정리하여 〈오가전집〉으로 엮었다.

3. 전통음악의 특성

우리 국악에는 민족 고유의 정서를 풀어내는 방식과 특유의 소리깔이 있다. 특유의 소리깔이란 그 음악 자체의 아름다움이기도 하고, 민족의 문화적 특성이 잘 우러난 민족 고유의 아름다움이기도 하다. 전통음악의 아름다운 특성은 다음과 같다(신대철, 1993; 조윤미, 2005).

1) 단선율 수평적 음악

서양음악은 각 성부나 악기가 동시에 소리를 내어 화음을 넣지만 국악에는 합창이나 합주에서 모두 단선율로 연주된다.

2) 5음 또는 3음으로 된 음악

서양음악은 7음계로 되어 있다. 반면 국악은 거의가 황 · 태 · 중 · 임 · 남 5음음계 또는 황 · 중 · 임 3음계의 음악이다.

3) 곡선의 음악미

단선율 속의 우리 가락은 곡선적인 흐름을 갖고 있다. 이러한 곡선의 가락에서 나타나는 한 음, 한 음은 고정적이지 않고 유동적이므로 일정한 음높이에서 고정되었다가 다음 고정음으로 넘어가지 않는다. 즉, 한 음에서 다른 음으로의 연결은 무지개 다리와 같은 곡선이다.

4) 농현으로 표현되는 음악

유려한 곡선의 선율을 가능하게 하는 전통적 연주 주법은 농현이다. 농현이란 음을 흔들어 준다는 의미이다. 서양음악의 연주법인 비브라토나 트릴의 주법과 유사한 것으로 파악된다. 서양음악에서 비브라토나 트릴은 부수적인 장식법의 일종인 데 비해 국악에서는 그 자체가 음악의 생명력과 약동성을 주는 주체적 요소이다.

5) 강박 시작, 약박 종지의 음악

우리 국악은 첫 박자가 강한 박자로 시작하여 약박으로 끝난다. 즉, 국악은 끝이 약하거나 음이 떨어지거나 사라지는 듯한 가락선으로 여미며 맺는 음악으로 이는 기악이나 성악이 다 마찬가지이다.

6) 독특한 기보법

국악에서는 음을 율(律)이라고 하고, 음이름은 율명이라고 부른다. 율명은 황종 · 대려 · 태주 · 협종 · 고선 · 중려 · 유빈 · 임종 · 이칙 · 남려 · 무역 · 응종이다. 황종부터 응종까지는 서양 음악의 Eb에서 D까지 12개의 반음에 각각 해당한다. 기준이 되는 황종을 어느 음에서 시작하느냐에 따라 음의 높이가 달라진다.

국악의 기보법에는 20여 가지가 있으나 최근까지 사용되는 것은 세종 때 창안된 정간보이다.

7) 자연의 소리를 존중하는 음악

서양음악은 고운 소리를 얻기 위해서 소리 가공의 단계를 보다 확대시켜 나갔으나 국악에서는 자연의 소리에 가까운 소리와 그 빛깔까지도 수용한다. 예를 들어, 사물놀이의 네 가지 악기도 모두 자연에 가까운 소리를 내는 것들뿐이다. 시끄러운 듯한 자연의 질박한 소리를 사랑하기에 합주나 판소리에서 약간은 거친 듯하면서도 세련되지 못한 투박하고도 질박한 이 소리 빛깔이 우리가 추구하는 소리였다.

8) 음악의 속도를, 숨을 기준으로 하는 음악

국악에서는 음악적 시간의 속도를 '한배'라고 부른다. 국악의 한배를 있게 한 실제적 기준은 호흡이다. 숨을 들이쉬고 내쉼이 표준적 한배의 틀이 된 것이었다. 즉, 한 호흡을 2박으로 하여 박자와 한배의 기준으로 삼았다. 그러므로 음악적 빠르기의 입장에서 국악은 폐의 음악이고, 서양음악은 심장의 음악이라고 부르기도 한다.

4. 전통음악의 갈래

전통음악을 분류하는 방법은 크게 두 가지가 있다. 듣는 대상에 따른 분류, 일반적 분류로 나누어 살펴보면 다음과 같다.

1) 음악을 듣는 대상에 따른 분류

음악을 듣는 대상에 따라 분류하면 다음과 같다.

첫 번째, 궁중악(정악[正樂])은 궁중에서 연주된 음악이다.

두 번째, 민속악(民俗樂)은 민중의 감정과 정서를 표현하는 일반 대중음악을 통틀어 칭하는 것이다. 민속악(民俗樂)은 다시 성악(聲樂)과 기악(器樂)으로 나누어서 성악(聲樂)에는 판소리, 선소리(立唱), 잡가(雜歌=坐唱), 민요(民謠), 범패(梵唄), 무가(巫歌)가 있고, 기악(器樂)은 산조(散調), 농악(農樂), 시나위, 무악(巫樂)으로 나누어 왔다.

<표 5 - 1> 우리나라 음악의 분류

명 칭	음악사적 분류	오늘날의 분류
궁 정	아 악 당 악 향 악	아악(또는 정악)
민 간		민속악

출처: 기청 (1994). 어화둥둥 두리둥둥 이야기 국악 상권 (p.90).

2) 일반적 분류

최근 들어서는 궁중악, 민속악은 하나라는 주장이 지배적이다. 즉, 시대적 구분과 음악 형식의 차이만 있을 뿐 어느 장르를 막론하고 5음계를 바탕으로 하기 때문에 분류 자체가 무의미하다는 학설로 정악(正樂)이나 민속악(民俗樂)이라는 말을 쓰지 않고, 아악(雅樂), 민요(民謠), 무악(巫樂), 산조(散調), 판소리, 잡가(雜歌), 범패(梵唄), 풍물(風物=농악)로 나눈다(조윤미, 2005). 이들에 대해 구체적으로 살펴보면 다음과 같다.

(1) 아악(雅樂)

넓은 의미의 아악은 민속음악의 대가 되는 제례악, 궁중연례악, 정악을 통틀어 말하지만, 좁은 의미의 아악은 문묘제례악만을 가리킨다. 국악을 향악, 당악, 아악으로 가를 때는 좁은 의미의 아악을 뜻한다.

(2) 민요(民謠)

민요란 민중의 노래란 뜻이다. 민요는 상층 계층이나 지식인 계층에서 의식적으로 창작한 식의 문학이 아니라, 민중 사이에서 자연스럽게 형성되고 또한 향유되어 온 시가문학이다(차용준, 1999). 따라서 민요에는 한 시대 한 고장 사람들의 인정과 풍습이 담겨 있고, 그 고장 사람들이 함께 느낄 수 있는 가락으로 이루어진다. 그 고장 특유의 가락으로 표현되는 민요는 그 지방만이 갖는 사투리와 말의 억양과 밀접한 관계를 가지고 있다.

민요(民謠)는 누구든지 쉽게 즐겨 부를 수 있도록 대개 같은 가락에 노랫말만 1절, 2절 바꾸어 부른다. 이때 노래하는 방식에 따라 앞소리를 메기고 뒷소리로 후렴을 받아서 하는 식의 메기고 받는 선후창(先後唱)과 앞소리와 뒷소리가 문답식으로 번갈아 부르는 교환창(交煥唱), 혼자 부르는 독창(獨唱)으로 나눈다.

아리랑, 강강술래, 군밤타령, 도라지타령, 닐리리아, 풍년가, 한오백년 등 한국인에게 낯익은 노래 외에도 민요는 그 종류가 헤아릴 수 없을 정도로 많은데 어느 정도로 널리 퍼져 있는가에 따라 토속민요와 통속민요로 나눈다. 토속민요는 김매기소리, 모내기소리 등 어느 일정한 지방에서만 전해지는 민요를 말한다. 반면 통속민요는 직업적인 소리꾼에 의해 널리 전파되어 불리는 세련된 민요로, 한국인의 보편적인 정서를 기반으로 하는 가사와 리듬을 갖추고 있다. 오늘날 우리가 알고 있는 민요의 대부분이 여기에 속한다(국립국어연구원, 2002).

(3) 무악(巫樂)

무악은 무당이 굿을 할 때 쓰는 무속음악이다. 무악(巫樂)에는 무당이 부르는 노래(巫歌)와 춤(巫舞), 반주음악이 포함된다. 무악은 정해진 형식이 없이 상황에 따라 자유자재로 변화시켜 연주하므로 시나위라고 부르기도 한다.

(4) 산조(散調)

산조는 연주자가 장구나 북 반주에 맞춰 혼자서 연주하는 기악 독주곡이다. 가야금 산조가 연주된 후로 거문고 산조, 대금 산조, 퉁소 산조, 피리 산조, 아쟁 산조, 해금 산조 등이 생겼다.

(5) 판소리

판소리는 어떤 '판'에서 하는 '소리'라는 뜻이다. 또한 하나의 완결된 이야기로서 처음과 중간 마지막으로 짜여져 있는 '판'이라는 의미를 가지고 있다. 판소리를 하는 소리꾼(창자, 唱者)이 극적인 내용의 긴 사설을 북 치는 사람(고수, 鼓手)의 장단과 추임새에 맞추어 노래(소리), 말(아니리), 몸짓(발림)으로 엮어 가는 것이다. 소리꾼은 판소리를 하기 전에 목을 풀기 위해 짧은 곡인 단가(短歌)를 부른다. 판소리는 서양의 오페라와 비슷하다. 대표적인 판소리에는 춘향가, 홍부가, 심청가, 수궁가, 적벽가 등이 있다.

(6) 잡가(雜歌)

가곡, 가사, 시조 등 지식층에서 즐기던 노래에 대하여 잡가는 대중들이 즐겨 부르던 긴 노래를 통틀어 일컫는 말이다. 잡가는 앉아서 부르기 때문에 좌창(坐唱)이라고도 한다. 잡가(雜歌)는 불렀던 지역에 따라 서도 잡가(공명가, 배따라기 등), 경기 잡가(유산가, 적벽가, 제비가, 맹꽁이 타령 등), 남도 잡가(새타령)로 나눈다.

(7) 범패(梵唄)

범패는 절에서 재(齋)를 올릴 때 부르는 의식 노래로, 부처님의 공덕을 기리는 불교음악이다. 범패(梵唄)를 전문으로 부르는 스님인 범패승이 독창이나 합창으로 부른다. 범패(梵唄)는 염불이라고도 하며 가곡(歌曲), 판소리와 함께 우리나라의 3대 성악곡에 속하며, 중요 무형문화재 제52호이다.

(8) 풍물(風物=농악)

풍물은 음악과 춤, 연극의 형태가 어우러져 있는 민속 종합 예술이라고 할 수 있다. 원래는 '굿' 을 가리키는 말로, 예전에는 '굿 친다' , '매구 친다' , '풍물 친다' 라고 표현하기도 했다. 농민들이 농사일을 할 때 흥을 돋우기 위한 두레굿을 비롯하여 마을 사람들이 다함께 신에게 제사를 지내던 마을굿, 지신밟기굿, 그리고 세시 풍속과 관련된 민속놀이에 이르기까지 두루 쓰이던 춤과 음악과 연극의 요소가 섞여 있는 민속 종합 예술이다. 쓰이는 악기로는 꽹과리, 징, 장구, 북의 4가지 타악기와 태평소, 나발의 관악기, 그 외에 소고 등이 있다. 장단은 매우 다양하며 지방마다 조금씩 다르다. 최근에는 4가지 타악기만을 사용하는 음악을 사물놀이라 부르기도 한다.

5. 전통악기의 종류

역사 속의 악기는 무척 많으나, 현재까지 전하는 것은 약 60여 종에 이른다. 이러한 악기들 중에는 우리나라에서 처음 만든 악기들도 있는 반면, 중국이나 서역 등지에서 들어와 사용된 악기도 있다. 이렇게 외국에서 들어온 악기들은 대부분 본래의 형태를 유지하고 있는데, 그 연주 방법이나 조율 방법은 우리 음악을 연주하는 데 적합한 형태로 향악화되어 오늘에 이른다. 현재 실제 연주에 쓰이는 30여 종을 제외한 나머지는 안타깝게도 연주법이 전해지지 않고 있거나, 실제 연주에 도움이 되지 않아 쓰이지 않고 있다(국립국어연구원, 2002; 인터넷 자료 : 국립국악원 www.ncktpa.go.kr, 함께 하는 우리 http://www.koreart-net.com./wOOrII/akki/index.html).

우리나라의 전통악기들은 연주법에 따라 관악기, 현악기, 타악기로 분류할 수 있다.

1) 관악기

관악기는 관대에 입김을 불어넣어 소리 내는 악기의 총칭이다. 우리나라 관악기는 주로 대나무로 되어 있다. 특히 5음 음계로 된 우리 음악을 연주하기에 좋게 되어 있다. 관악기에는 대금, 단소, 퉁소, 피리, 태평소, 생황, 나각, 나발 등이 있다. 각 악기에 대한 구체적인 설명은 다음과 같다.

(1) 대 금

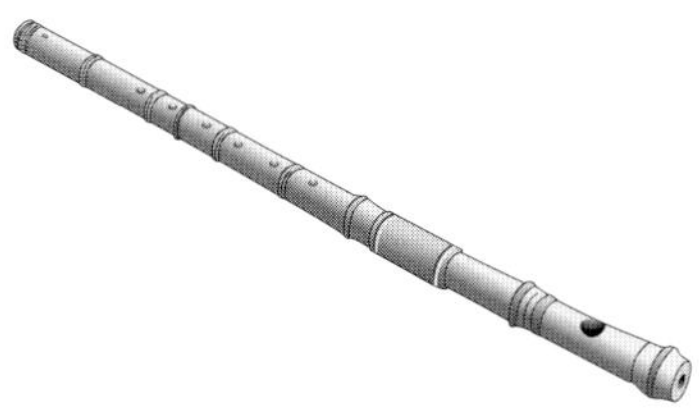

대금은 대나무를 80㎝ 정도의 길이로 잘라 만든 관악기이다. '저', '젓대', '적' 이라고도 하며 통일신라시대에는 대금, 중금, 소금으로 삼죽이 있었다. 가장 길이가 긴 악기를 대금이라고 하고 짧은 악기는 소금이라고 하며 관악기 중에서 가장 음정이 높다. 바르게 앉아 머리를 약간 왼편으로 돌리고 대금을 어깨와 수평으로 들어 올려서 취구에 입술을 대고 입김을 넣어 부른다. 옛날부터 관현협주 때 모든 악기의 음높이를 정하는 기준으로 대금이 사용되었다.

대금은 청아하면서도 우아한 소리 이면에 힘찬 기상과 장대함이 담겨 듣는 사람의 마음을 울려 준다.

(2) 단 소

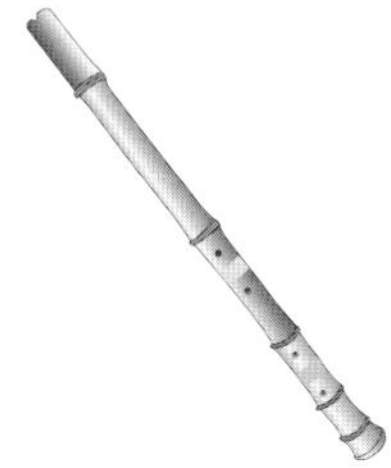

짧은 취악기라는 뜻으로 몸체가 40cm 정도 된다. 뒤쪽에 한 개, 앞쪽에 네 개 등 모두 다섯 개의 구멍이 있으며, 이 구멍들을 손가락으로 여닫아 가락을 연주한다. 세로로 들고 연주하는 악기이다. 음색이 영롱하고 청아하여 독주악기로 애용되며, 영산회상과 같은 줄풍류나 가곡 반주에 쓰인다. 앙금이나 생황과의 병주로도 유명한데, 생황과 단소의 이중주를 '생소병주' 라고 한다.

(3) 퉁 소

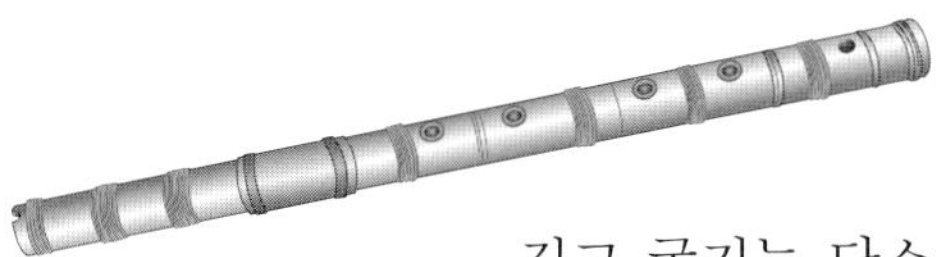

퉁소는 굵은 대나무를 잘라 전체 길이가 55㎝ 정도에 단소보다 조금 길고 굵기는 단소의 2배 정도 되는 관악기로 정악에 쓰이는 것과 민속악에 쓰이는 것이 있다.

퉁소는 중국에서 가장 오랜 역사를 지닌 아악기의 하나인 '소' 라는 악기를 고쳐 만든 것으로, 고려시대에 우리나라에 들어왔다고 한다.

음색이 구성지고 처량하여 애틋한 마음을 잘 담아내며 듣는 이로 하여금 깊은 여운을 느끼게 만든다.

(4) 피 리

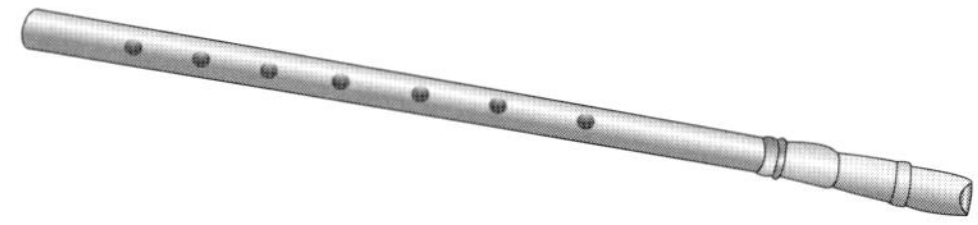

피리는 속이 빈 기다란 관 모양의 악기로 위에 뚫린 구멍으로 입김을 불어넣어 연주하는 악기이다.

피리는 고구려 때 중앙아시아 지역에서 들어온 것으로 보이며, 향피리, 당피리, 세피리 등 세 종류가 있다. 대표적인 향피리는 궁중음악과 민속악을 망라하여 널리 쓰이는데 길이가 25㎝ 정도로 매우 작으나, 음량이 비교적 크고 셈 · 여림의 표현도 자유롭게 할 수 있어 바이올린처럼 중심 선율을 연주하는 데 쓴다. 당피리는 고구려 때 중국을 통해 들어온 것으로 향피리보다 우람하고 굵으며 생긴 모양처럼 소리도 폭넓고 활달한데 다소 거칠게 들린다. 종묘제례악 연주에 적합하다. 세피리는 이름처럼 가늘게 생긴 피리로 악기가 가는만큼 음량도 작기 때문에 작은 규모의 실내악이나 가곡 · 가사 등의 성악곡 반주에 쓰인다. 음넓이나 운지법(손가락 사용법)은 향피리와 같지만, 김 조절이나 호흡 조절이 힘들어 향피리를 배운 후에야 배운다.

(5) 태평소

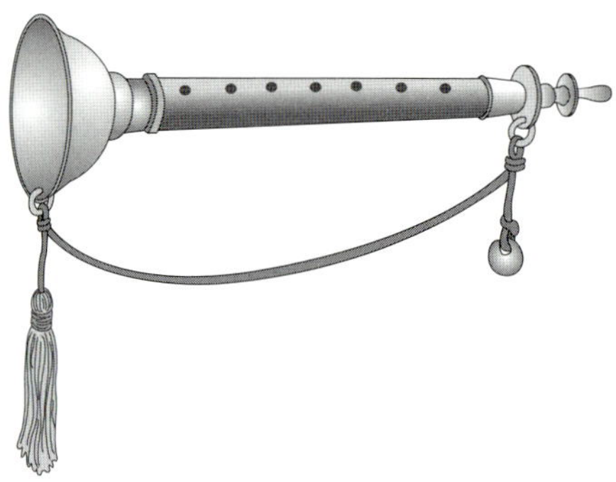

태평소는 길이가 40㎝ 정도 되는 나팔 모양의 관악기로서 서양의 호른에 해당한다. '호적', '세납', '날라리'라고도 하며, 윗부분은 좁고 아래로 갈수록 넓어지는 단단한 나무 관에 나팔꽃 모양의 동팔랑이 있고, 갈대로 만든 작은 서를 반대편에 꽂아 부는 악기이다. 국악기 중에서 가장 음량이 큰 선율 악기로 소리는 거칠지만 장쾌하고, 때로는 애처로운 느낌마저 들게 한다. 처음에는 군대에서 사용하다가 후에 궁중음악인 종묘제례악에도 쓰이게 되었다. 또한 농악, 무속 음악, 불교음악 등에 쓰이면서 다양한 곳에서 화려하고 강렬한 음색을 자랑하는 악기가 되었다.

(6) 생 황

국악기 중에서 유일하게 여러 음을 한꺼번에 낼 수 있어 화음을 다룰 수 있다. 음색은 하모니카와 비슷하며 소리를 떨어주는 것(요성)은 불가능하다.

(7) 나 각

실제로 큰 소라 껍데기를 이용하여 만든 악기이며, 뾰족한 끝에 취구를 만들어 불어서 소리를 낸다. '나' 또는 '소라' 라고도 하며 음색은 부드럽고 웅장하며, 음정의 변화 없이 한 음만을 길게 끌어 연주한다. 현재는 〈군악〉, 〈대취타〉에서 나발과 함께 한 장단씩 교대로 연주한다.

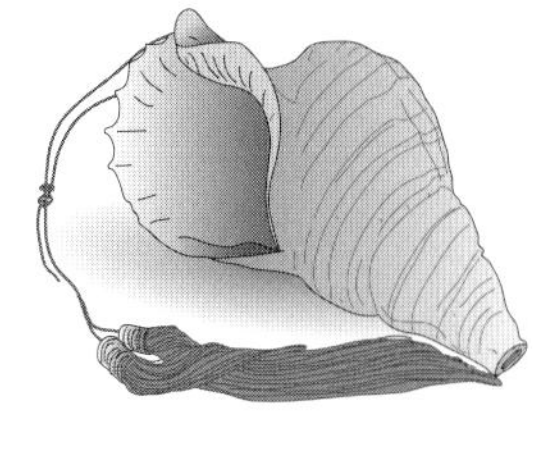

(8) 나 발

우리나라에 하나밖에 없는 금관악기로 원추형의 관을 가지고 있으며, 음높이는 조절할 수 없다. 길이는 115cm 정도인데 두세 도막으로 구분된 관을 아래로 밀어 넣어 길이를 조절할 수 있다.

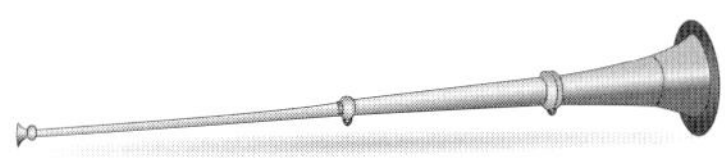

마을 사람들을 모으거나 군대에서 신호용으로 쓰였던 나발은 쇠붙이가 낼 수 있는 특유의 우렁찬 음색을 가지고 있어서 대취타와 같은 대규모의 군악에 주로 사용되었다.

2) 현악기

현악기는 줄을 튕겨서 내는 악기로 손가락으로 튕길 수도 있고, 막대로 현을 문지르거나, 현을 쳐서 내는 악기도 있다. 현악기에는 가야금, 거문고, 해금, 아쟁, 양금, 향비파 등이 있다. 각 악기에 대한 구체적인 설명은 다음과 같다.

(1) 가야금

가야금은 공명판이라고 하는 기다란 나무판에 명주실을 꼬아 만든 12개의 줄을 뜯으며 연주하는 악기이다. 오른손은 손가락을 사용하여 뜯거나 퉁겨서 소리를 내고, 왼손은 안쪽의 아랫부분에 있는 줄에 손을 얹어 누르거나 흔들어 준다. 가야금에는 풍류가야금과 산조가야금이 있다. 풍류가야금은 궁중이나 상류계층의 음악에 사용한 것으로 비교적 크고 줄과 줄 사이의 간격이 넓은 것이 특징이다. 이와는 달리 민요나 무속음악 등 일반 서민층의 음악인 민속악에는 산조가야금을 사용하였다. 산조가야금은 빠른 곡조를 연주하기에 알맞게 그 크기가 작으며 줄과 줄 사이의 간격도 좁은 것으로 후대에 만들어졌다.

(2) 거문고

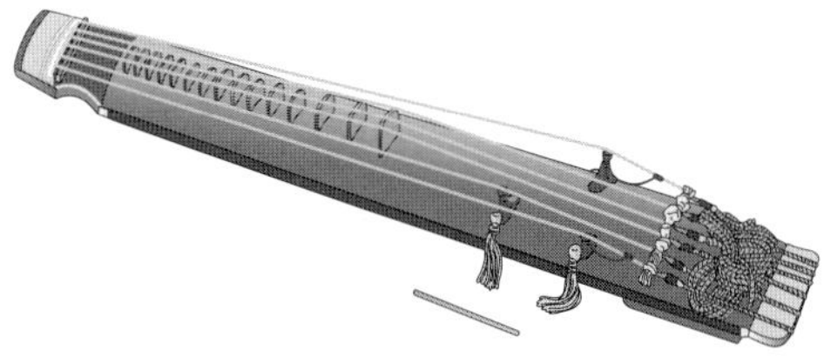

고구려에서 만들어진 것으로, 6줄과 16개의 괘를 지니고 있으며, 술대를 사용하여 연주하는 현악기이다. 오른손은 술대를 쥐고 줄을 쳐서 소리를 내고, 왼손은 괘를 짚거나 밀거나 흔들어서 소리를 낸다. 음높이는 왼손으로 조절한다.

(3) 해 금

'계금', '깽깽이' 라고도 하며 원래는 중앙아시아 계통의 악기인데 중국을 거쳐 우리나라에 들어와 고려시대부터 쓰이기 시작했다. 다른 악기에 비해 정확한 음정을 짚기 어렵고 옛부터 〈문묘제례악〉을 제외한 모든 분야에 빠지지 않고 쓰여 왔다.

(4) 아 쟁

가야금보다 굵은 7개의 줄을 안쪽에 받쳐 세워 놓고 개나리 나뭇가지로 만든 활대를 이용해 줄을 마찰시켜 연주하는 현악기이다. 우리나라 악기 중에서 드물게 저음이고 음역도 좁다. '산조 아쟁' 과 '정악 아쟁' 이 있는데 산조 아쟁은 8

줄, 정악 아쟁은 7줄이며 요즘에는 음역을 키우기 위해 9줄 아쟁도 만들어 쓴다.

(5) 양 금

사다리꼴 모양의 상자로 된 공명판 위에 놓인 철사를 채로 쳐서 소리 내는 현악기이다. 서양금을 줄인 말로, '구라칠현금', '구라철사금' 이라고도 한다. 구라란 구라파, 즉 유럽에서 들어왔음을 뜻한다. 우리나라에는 조선 영조 때 청나라를 왕래하던 실학자들에 의해 전해졌다. 줄은 우리나라 현악기가 철사를 사용하고 있어 음색이 맑고 영롱하다.

(6) 향비파

목이 곧고 5줄을 가진 현악기로 통일신라 시대에는 거문고, 가야금과 더불어 삼현에 속하던 악기이다. 거문고처럼 술대를 사용하여 연주하는데 현재는 연주법이 사라져 사용되지 않는다.

3) 타악기

타악기는 손이나 채를 이용하여 두드려서 소리를 내는 악기로 고정된 음률이 있는 유율 악기와 고정된 음률이 없는 무율 악기가 있다. 타악기에는 편종, 편경, 바라, 징, 박, 축, 장구, 풍물북, 꽹과리, 소고 등이 있다. 각 악기에 대한 구체적인 설명은 다음과 같다.

(1) 편 종

위와 아래, 두 단에 각각 8개의 작은 종을 틀에 매달아 '각퇴' 라는 쇠뿔로 된 망치를 오른손으로 쳐서 소리를 내는 악기이다. 고려 예종 때 우리나라에 처음 전해졌다.

(2) 편 경

ㄱ자 모양의 경(옥돌의 일종) 16개를 틀에 엮어 달고 '각퇴' 라는 망치로 때려서 소리를 내는 악기이다. 세계적으로 드물게 돌로 만든 악기이며, 고려 예종 때 편종과 함께 송나라에서 들어왔다. 편경 받침은 흰기러기(백아)를 쓰는데, 이는 편경의 소리가 흰기러기의 울음소리처럼 청아함을 상징한 것이다.

(3) 바 라

얇은 놋쇠로 된 2개의 원반을 양손에 들고 맞부딪쳐 소리 내는 악기로 서양의 심벌즈와 같은 악기이다. 고려시대부터 써왔는데 지금은 '바라', '제금' 이라고도 불린다.

(4) 징

놋쇠로 만든 둥근 쟁반 모양의 악기로 '금', '라', '금라', '정', '금정' 등 여러 이름으로 불린다. 오른손에 들거나 틀에 매달아 놓고, 솜망치로 된 채를 들고 치며, 주로 장단의 강박에 친다.

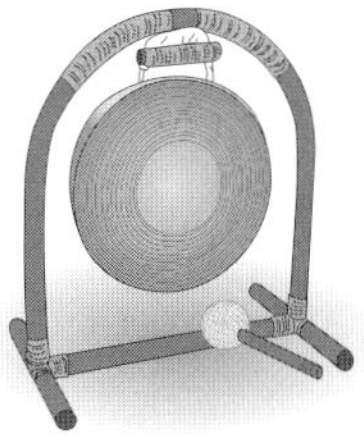

(5) 박

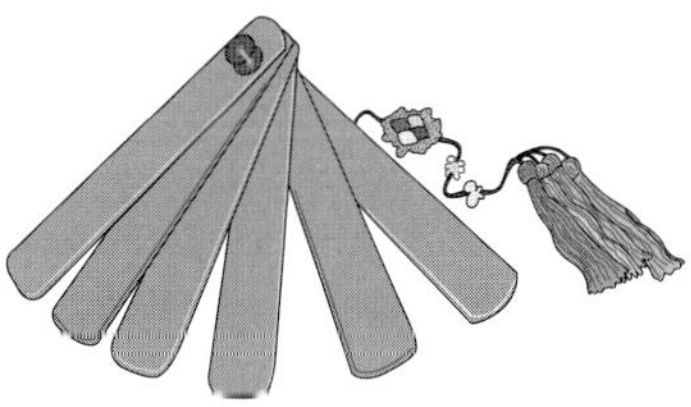

박달나무 여섯 조각을 한쪽에 구멍을 뚫은 후 한데 묶어서 만든 악기로, '박판' 이라고도 한다. 삼국 시대부터 사용되어 왔으며, 궁중음악의 합주에서 음악을 시작할 때 한 번, 끝날 때 세 번을 친다. 두 손으로 양쪽을 잡고 부채살처럼 벌렸다가 급히 닫으면서 동시에 친다.

(6) 축

나무로 만든 네모난 상자의 윗부분에 구멍을 뚫어, 그 속에 나무 방망이를 꽂아 내리치는 악기이다. 고려 예종 때 송나라에서 들어왔으며, 〈문묘제례악〉, 〈종묘제례악〉에서 음악을 시작할 때 친다.

(7) 장 구

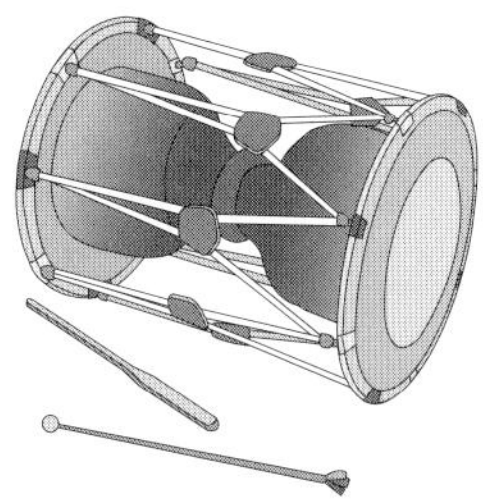

허리가 가늘고 잘록한 통의 양쪽에 붙인 가죽을 진동시켜 소리 내는 악기로, '세요고', '장고' 라고도 한다. '정악 장구' 와 '풍물 장구' 로 나누어지는데 정악 장구는 오른손에 채편을 들고 치고 왼손은 맨손으로 치며, 풍물 장구는 맨손 대신 궁글채(궁채)로 친다. 원래는 인도 악기인데 고려시대 송나라에서 들어왔다.

(8) 풍물북

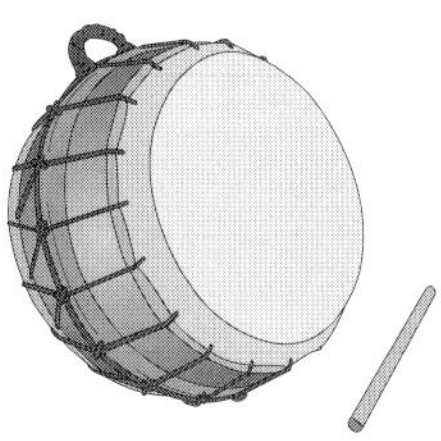

풍물놀이에서 사용하며, 판소리에서 쓰는 소리북과는 달리 양쪽 가죽을 끈으로 엮어 고정해 놓았다.

(9) 꽹과리

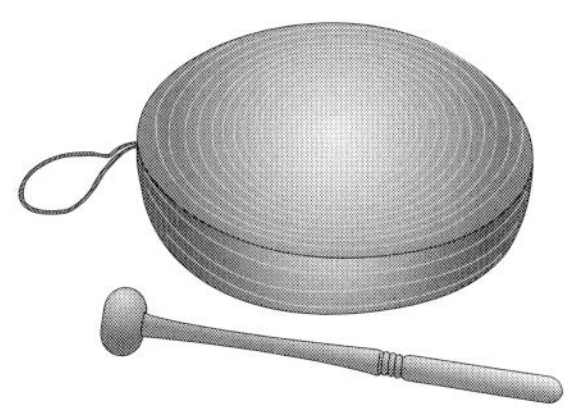

'쇠', '매구', '깽매기', '깽쇠', '소금', '쟁' 등 여러 이름으로 불리며 놋쇠로 만든 둥근 모양의 악기이다. 자극적이고 충동적인 소리로 사람의 마음을 고조시키며 풍물놀이패 맨 앞 상쇠는 꽹과리로 전체를 지휘하는 역할을 한다.

(10) 소 고

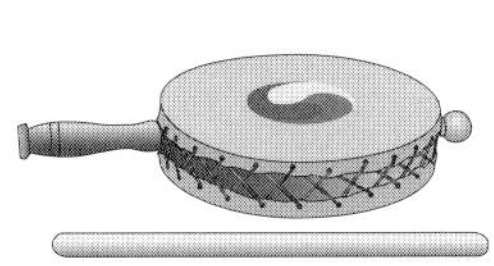

풍물놀이에서 상모놀이나 소고 춤을 출 때 사용하는 작은 북으로 왼손으로 들고 오른손의 작은 채로 북 중앙을 친다. 북 소리보다는 이를 가지고 몸짓을 하는 데에 주로 쓰인다.

앞에서 살펴본 여러 악기들을 연주법에 따라 정리해 보면 다음 〈표 5-2〉와 같다.

〈표 5 - 2〉 연주법에 따른 전통악기

명 칭	음악사적 분류
관악기	대금, 단소, 퉁소, 향피리, 세피리, 태평소, 생황, 나각, 나발
현악기	가야금, 거문고, 해금, 아쟁, 양금, 향비파
타악기	편종, 편경, 바라, 징, 박, 축, 장구, 풍물북, 꽹과리, 소고

6. 전통음악의 기본 가락

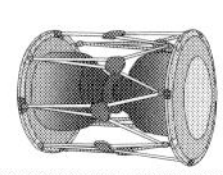

앞에서 살펴본 전통음악은 박자, 빠르기, 강약, 형태 등이 서양음악과 매우 다르다. 전통음악의 기본 가락을 장단, 율명, 음계 등으로 나누어 그 구체적인 내용을 살펴보면 다음과 같다.

1) 장 단

장단이란 서양음악의 리듬과 비슷한 것으로 일정한 시간 동안 규칙적으로 움직이는 운동의 질서와 박자를 통틀어 일컫는 말이다. 서양음악의 리듬은 비교적 단순한 규칙성을 갖고 있는 데 비해 우리 음악의 장단은 박자, 빠르기, 강약, 형태 같은 여러 가지 요소를 지니고 있으며, 음악의 흐름에 따라 장단 가락이 풀어지고 조여지는 변화가 나타나고, 아주 불규칙하여 일정한 장단이 없는 것처럼 여겨지는 것부터 매우 복잡한 장단에 이르기까지 형태가 매우 다양하다. 우리 장단의 가장 뚜렷한 특징은 1박자를 3등분한 '3박자 계통의 장단'이 대부분이라는 것이다. 또 한 가지 특징은 강한 박으로 시작해서 여린 박으로 끝나는 점이다. 전통음악의 장단을 서양음악과 비교해 보면 다음 〈표 5-3〉과 같다.

〈표 5 - 3〉 우리나라와 서양음악의 비교

우리나라의 장단	서양음악의 장단
3박자 계통의 장단	2박자 계통의 리듬
강한 박으로 시작, 여린 박으로 끝남	여린 박으로 시작, 강한 박으로 끝남
장단 가락이 음악의 흐름에 따라 풀어지고 조여지는 변화를 나타내면서 반복 연주	리듬이 비교적 단순한 규칙성을 따라서 반복
박자, 빠르기, 강약, 형태 같은 여러 가지의 복합적인 의미를 가짐	소리의 크기가 형태의 중심이 됨 예) 4박의 경우 : 강 · 약 · 중강 · 약 3박의 경우 : 강 · 약 · 약

출처: 기청 (1994). 어화둥둥 두리둥둥 이야기 국악 상권 (p.51).

장단 반주는 판소리는 북으로 하고 다른 연주에서는 대부분 장구를 사용한다. 장구는 연주 형태에 따라 치는 위치가 달라진다. 관현합주나 풍물놀이와 같이 음량이 큰 곳에서는 변죽을 많이 친다. 장구의 연주 방법에 따른 부호는 아래의 〈표 5-4〉와 같다.

〈표 5 - 4〉 장구 연주 방법

구음/입장단	부 호	연주 방법
덩(떵)	⦶	채편과 북편을 동시에 친다.
덕(따, 딱)	|	열채로 채편을 친다.
쿵(궁)	○	왼손(궁채)으로 북편을 친다.
더러러러	┆	열채의 반동을 이용하여 채편을 굴린다.
기덕(기닥)	˙|	열채로 채편을 순간적으로 겹쳐 친다.
더(다, 기)	·	열채로 채편을 찍는다.
변죽 딱	⊗	열채로 채편 변죽을 친다.

전통음악이 크게 아악(정악)과 민속악으로 나누어지듯이 장단 또한 그 쓰임새에 따라 정악 장단과 민속악 장단으로 나누어진다. 정악 장단이란 궁중에서 연주하던 곡이나 가곡, 가사와 같은 양반들의 풍류 음악 장단을 말하며 대체로 빠르기가 아주 느리며, 장구 가락이 단순한 편이다. 민속악 장단은 아주 느린 장단에서부터 빠른 장단에 이르기까지 그 종류가 아주 많으며 정악 장단에 비해 대체로 빠르고 잔가락을 많이 사용한다. 또한 변형 장단의 활용으로 악곡에 따라 리듬의 다양성과 즉흥성을 표현할 수 있다. 기본 장단은 다음과 같다.

(1) 세마치 장단

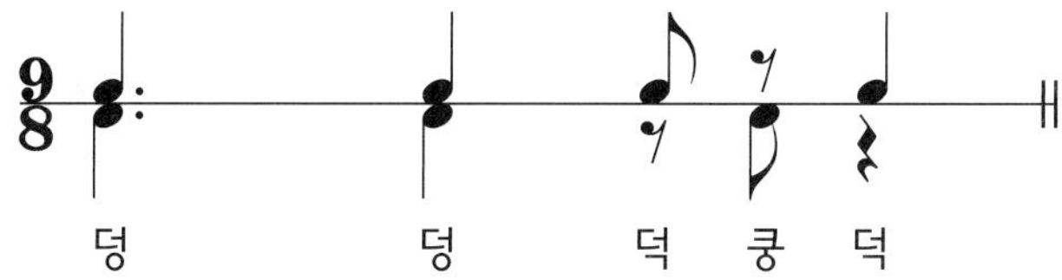

(2) 굿거리 장단

(3) 중모리

(4) 중중모리 장단

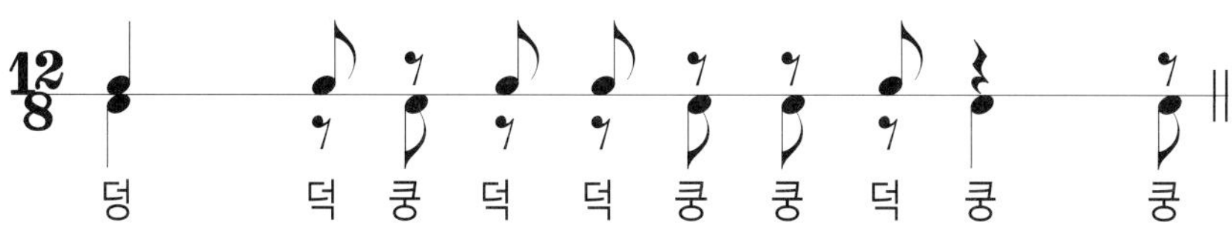

(5) 자진모리

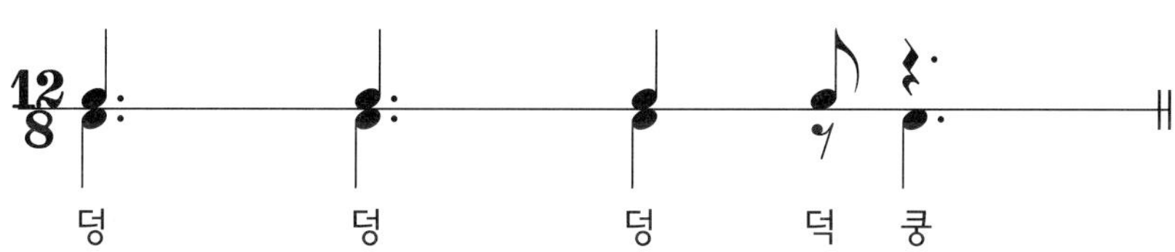

(6) 휘모리 장단

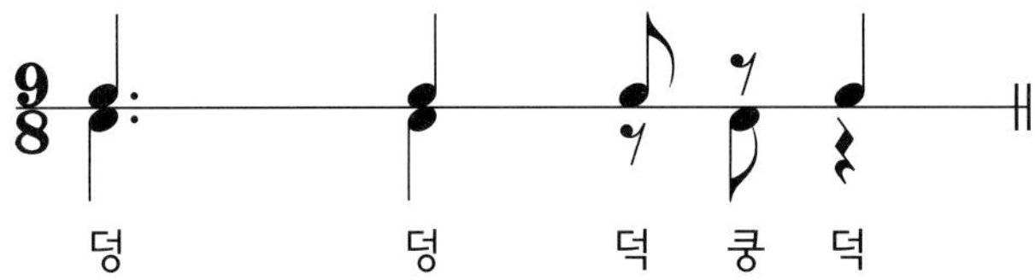

(7) 동살풀이 장단

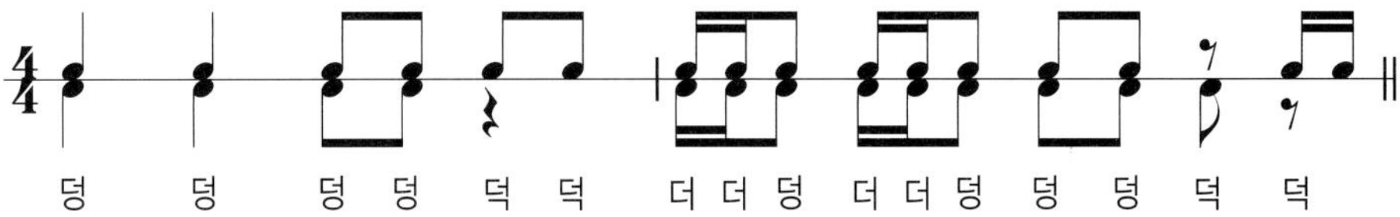

2) 율 명

전통음악에서는 음 이름을 '12율' 이라고 한다. 서양의 '12음' 은 음과 음 사이가 고르게 분포되어 있는 평균율인데 비해 '12율' 은 간격에 $\frac{1}{8}$가량의 오차가 생겨 정확한 평균율은 아니다. '12율' 의 이름은 황종 · 대려 · 태주 · 협종 · 고선 · 중려 · 유빈 · 임종 · 이칙 · 남려 · 무역 · 응종이다. 율명을 악보에 기보할 때는 그 첫 자만을 떼서 황(黃) · 대(大) · 태(太) 등으로 사용한다.

3) 음 계

음악에 쓰이는 음들을 음높이의 순서에 따라 한 옥타브 안에 모아 정리한 것을 음계라 하며, 음계의 이름은 일반적으로 옥타브 안에 나타나는 음의 수에 따라 붙여진다. 5개 음으로 구성되는 '5음 음계' 는 고려시대부터 현재까지 전해 내려오는 것으로, 이외에도 '4음 음계' 와 '3음 음계' 등이 있지만 주된 음계는 역시 '5음 음계' 이다.

일반적으로 알고 있는 '궁 · 상 · 각 · 치 · 우' 는 우리의 음계가 아니라 중국의 '5음 음계' 이다. 우리 음악의 '5음 음계' 는 황(黃)을 중심으로 보았을 때 평조 선법인 경우에는 '황 · 태 · 중 · 임 · 남' 이며, 계면조 선법인 경우는 '황 · 협 · 중 · 임 · 무' 로 이루어진다.

6

전통미술

6장

1. 전통미술이란 무엇인가

예로부터 우리 민족은 자연과 조화를 이루면서 풍부한 상상력으로 아름다움을 창조해 왔다. 임금의 곤룡포에서부터 서민들의 밥상 보자기까지, 지붕에서부터 돌계단 아래까지 사람들의 손길이 닿는 곳 모두에서 전통미술을 발견할 수 있다(인터넷 자료 : 아트랜드 http://www.artland.pe.kr).

전통미술은 우리 조상들의 얼과 숨결이 깃든 무형 예술품, 조형물 등의 미술품이나 공예품 등을 말한다. 이는 우리 민족이 독창적으로 이룩했거나, 남의 것을 받아들이고 남의 것에서 영향을 받았다 할지라도 우리 민족 특유의 방법과 능력으로 새롭게 발전시킨 미술적 업적이라고 할 수 있다. 따라서 전통미술의 올바른 이해는 우리 민족의 삶 전체를 바르게 고찰했을 때 비로소 가능해진다. 왜냐하면 모든 미술 작품이 작가의 사고방식, 경험, 감정, 인격 등을 반영하거나 그 영향을 받고 있는 것처럼 한 민족의 미술은 민족의 역사, 문화, 민족성을 반영하고 있기 때문이다(김원용 · 안휘준, 1996).

2. 전통미술의 특징

일찍부터 대륙 문화와의 교류를 통해 독특하고 아름다운 문화를 꽃피워 온 우리 민족은 자연 환경과의 조화 속에서 소박하고 창의성 있는 조형 세계를 이루어 왔다. 그러므로 우리 전통미술은 우리 민족의 생활 정서와 감정이 솔직하고 수수하게 표현되어 누구에게나 자연스럽게 받아들여지는 부드러움이 있는 것이 특징이다. 다른 나라에 비해 우리나라는 담담하고 조용하여 다소곳한 미덕을 장점으로 하는 미술이다.

우리의 전통미술의 특징을 규명하거나 정의하려는 노력은 일제 강점기 때부터 현재에 이르기까지 여러 학자들에 의해 종종 시도되어 왔다. 이러한 노력은 한국 미술 자체에 대한 이해 도모뿐만 아니라 이웃 중국이나 일본의 미술과 어떤 차이점이 있는지 밝혀 보려는 데에도 뜻을 두고 있었지만, 간단하게 설명하기는 매우 어렵다.

우리나라 전통미술의 특징에 대해 처음으로 분명한 견해를 피력한 일본인 학자 야나기는 '비애(悲哀)의 미(美)' 또는 '애상(哀傷)의 미' 라고 보고 그 특징은 선(線)에 있으며, 이러한 미의 세계가 형성될 수밖에 없었던 것은 한국의 반도라는 지리적 환경과 눈물로 얼룩진 비참한 역사에 있다고 믿었다(안휘준, 1997). 야나기는 또한 자연성을 지적하였는데, 고유섭의 「무기교의 기교」, 「무계획의 계획」, 「비정제성」, 「무관심성」, 「구수한 맛」, 「자연에의 순응심리」, 콤퍼츠의 「세부보다는 전체적인 조화와 효과」, 제켈의 「생명력과 즉흥성」 등의 표현과(김원용 · 안휘준, 1996) 더불어 결국은 모두 자연성을 강조한 것으로 볼 수 있다.

전통미술의 특징이 무엇인지 규명하기 위해서는 먼저 한국인의 미의식에 대한 탐구가 선행되어야 하는데, 미의식이라 함은 미술이라는 대상을 지각하고 인식하는 의식이 주체라 할 수 있다. 이러한 미의식에 나타난 조형의 현상을 미술의 특징이라고 하는데, 한국인의 미의식에 대한 문제를 전통 회화나 유적, 유물만을 가지고 규명하기란 지극히 어려운 일이며, 이는 민족성이나 감정, 우주관, 인생관의 형성 과정을 추구해 봄으로써 가능하다(정혜경, 1993).

전통미술의 일반적 특징은 다음과 같다.

첫째, 자연과 동화되어 자연의 형과 색을 재현시키고자 노력하였다.
둘째, 종이, 나무, 돌 등의 자연물을 이용한 미술 작품이 많다.
셋째, 겉으로 드러나지 않은 소박하고 검소한 조형물이다.
넷째, 우아한 곡선미와 자연스러운 미가 돋보인다.

3. 전통미술의 역사

전통시대 우리의 미술 문화 가운데 주요한 것으로 삼국시대의 고구려 고분벽화, 금동미륵반가사유상, 백제 금동향로, 성덕대왕신종, 불국사와 안압지, 고려시대의 청자와 불화(佛畵), 조선시대의 분청사기, 백자, 진경산수, 창덕궁, 종묘, 화성(華城) 등을 꼽을 수 있다(이범직 · 김기흥, 2000).

선사시대의 토기와 암각화부터 삼국시대, 통일신라시대, 고려시대, 조선시대까지의 주요 미술품을 중심으로 전통미술의 역사를 살펴보면 다음과 같다(김원용 · 안휘준, 1996; 문미옥 외, 2001; 안휘준, 1997; 이범직 · 김기흥, 2000; 최준식, 2000; 인터넷 자료 : Daum 백과사전).

1) 선사시대

선사시대의 미술은 조형성(造形性), 구체성보다는 평면과 선에 의존하면서 추상주의적 양식을 따르고 있었다. 따라서 신석기시대 토기와 골각기 표면에는 빗살무늬, 점열무늬, 격자무늬 등의 기하학적 문양이 있는 것이 특징이다. 이러한 기하학적 무늬는 신라 토기까지 계속되고 있다

경남 울주군 언양면 대곡리에 있는 반구대 암각화, 천전리 암각화 및 칠포리 암각화는 다산과 풍요를 기원하는 대표적인 작품으로서 우리나라에서 발견된 가장 오래된 선사시대 미술의 유적이다. 대략 신석기 말기, 청동기시대의 것으로 추정된다.

반구대 암각화에는 수렵을 위한 주술적 의미로 동물과 인간의 신체적 특징들이 정확하게 묘사되어 있으며, 크기는 세로 3m에 가로 6.5m쯤 된다. 여기에는 선각 기법과 면각 기법의 두 가지 기법으로 그려져 있다. 또한 일본 도쿄 국립박물관 소장의 동물문 견갑과 국립중앙박물관 소장의 농경문 청동기와 유사하다.

2) 삼국시대

삼국시대 미술은 흔히 대륙적이고 상무적(尙武的) 활달함을 보이는 고구려, 온화하고 부드러운 국제적 성격을 보이는 백제, 강인하고 고졸(古拙)한 신라로 요약되기도 한다. 삼국시대 미술품은 고구려 고분벽화를 제외하면 조각, 공예품이 주류를 이루며, 건축물도 석탑을 제외하면 거의 자취를 찾기 힘들어 절터 등의 흔적으로만 전해지고 있다. 4세기경에 발전한 회화 또한 종이나 비단 등에 그려진 그림은 훼손되어 공예화나 고분벽화에 그려진 것만 남아 있을 뿐이다(이범직 · 김기홍, 2000).

(1) 고구려

[안악3호분 남자주인공 초상]

동시대의 반도 국가들과는 달리, 대륙이 터전이었던 고구려는 그 문화 역시 화북, 서역, 남시베리아 문화의 영향이 다소 있었다. 활기찬 움직임, 웅혼한 기상, 풍부한 상상력 등이 그것이라 하겠다. 가장 먼저 회화를 발전시킨 고구려의 회화는 고분벽화에서 그 양상을 엿볼 수 있는데, 어느 나라의 회화보다도 힘차고 율동적인 특성을 보여 준다(안휘준, 1977). 우리나라 최초의 고분벽화로는 안악 3호분이 있다.

고분벽화는 고구려인의 기질, 모습, 생활상 등 당대의 사회상과 내세사상과 영혼불멸사상 등 종교와 사상까지도 알 수 있게 해 준다(이범직 · 김기흥, 2000).

한편, 고구려는 일찍부터 불교를 받아들여 불교문화를 융성시켰던 만큼 불상조각이 많았을 것으로 추정되지만 지금까지 발견되어지는 것은 몇 개의 작은 불상에 불과하다. 연가칠년명금동여래입상은 명문(銘文) 있는 불상으로 경남지방에서 발견되었다.

[금동여래입상]

금동여래입상은 약간 앞으로 숙인 얼굴은 비교적 작은 편으로 갸름하며 입가에는 미소를 띠고 있다. 옷자락은 매우 두꺼워서 신체는 거의 표현되지 않고, 끝부분이 지느러미처럼 좌우로 활짝 벌어져 있어서 날카롭고 힘찬 느낌을 준다. 광배(光背)와 대좌(臺座)가 불신(佛身)과 함께 주조되어 있는데 윗부분이 안으로 약간 구부러진 광배의 앞면에는 불꽃무늬가 새겨져 있고, 뒷면에 명문이 새겨져 있다. 아직도 금색이 찬연히 빛나고 있으며 머리에만 채색이 되어 있는 완전한 불상이다.

(2) 백 제

백제의 미술은 고구려와는 달리 우아하고, 따뜻한 정신미(精神美)의 세계를 주제로 한다. 그러나 백제는 고구려 계통 이주민의 이주로 건국된 나라로서 그 문화에서도 고구려 문화와의 친근성이 나타난다.

백제의 유물, 유적은 많이 파괴되었으나, 금동불, 석불, 석탑 등 불교 관계의 유물을 비롯하여, 고분 안에 그린 벽화와 기와, 무늬 벽돌 등이 출토되고 있다.

부여 능산리 집터에서 발굴된 금동용봉 봉래산향로는 유물의 형태와 무늬장식, 제작 기법이 탁월하여 동아시아 고대 금속공예사에서 가장 우수한 걸작품의 하나로 평가되고 있다. 이 향로 꼭대기에는 봉황의 형상이 만들어져 있으며, 향로의 몸체는 용이 떠받치고 있는 형태로 신선 사상과 불교의 영향이 잘 반영되어 있다.

백제의 불상 조각은 고구려에 비해 양식적으로 보다 우아하고 부드러운 조형미를 보여 주고 있는데 대표적인 것으로 서산 마애삼존불이 있다. 큰 바위에 부조로 새겨진 이 삼존불상의 광배(후광)는 부처가 지닌 무한한 정신력을 상징적으로 보여 준다. 그리고 오른손의 형태는 시무외인(施無畏印)이라 하여 중생의 우환과 고난을 없애 주는 큰 사랑의 덕을 보이고, 왼손은 여원인(與願印)이라 하여 중생의 소원을 성취시켜 주는 큰 사랑의 덕을 상징한다.

백제의 석탑으로는 익산 미륵사지석탑과 높이 8.33m나 되는 부여 정림사지 5층석탑이 있다. 미륵사지석탑은 우리나라에 현존하는 가장 오래된 석탑으로, 기하학적 규칙성에 의거한 안정감과 단순함에서 오는 조형의 힘이 느껴진다. 반면, 대표적인 백제의 석탑인 부여 정림사지석탑은 한층 정리된 우아함이 돋보인다. 백제 석탑 양식의 전형적인 모습을 보여 주는 대표적인 석탑이다.

[부여 정림사지 5층석탑]

(3) 신　라

한반도의 남동부를 차지한 신라는 비교적 평화롭고 안정된 지역적 조건 밑에서 독자적인 미술 문화를 이루었다. 특히 중국의 남조 문화와 고구려, 백제 등과 접촉했을 뿐만 아니라 5세기 후반에 전래된 불교의 영향으로 더욱 화려하고 독특한 종교 문화를 이룩하여, 신라의 미술은 전체적으로 보면 이웃했던 고구려나 백제의 미술과는 달리 엄격하고 추상적이며 사변적인 성격을 강하게 띠고 있다. 또한 고분의 유적에서 발굴된 유물들에서 당시의 뛰어난 공예 예술을 엿볼 수 있다.

신라의 회화는 경주의 천마총과 황남대총이 발굴되기까지는 거의 아무것도 알려져 있지 않았으며, 현재 신라의 회화는 천마총에서 발견된 〈천마도〉, 〈기마도〉, 〈서조도〉, 황룡사벽에 그렸다는 솔거의 〈노송도〉등만 남아 있다. 천마도의 그림은 안장 아래로 드리워 흙이 튀는 것을 막는 한 쌍의 다래(자작나무 가죽제) 표면에 천마(天馬)를 그린 것으로, 구름이나 안개를 헤치며 종기를 내뿜으며 하늘을 날고 있는 천마의 모습이 매우 힘찬 움직임을 보여 주고 있다.

[천마도]

불교 미술은 삼국 중에서 신라가 가장 늦게 시작하였으나, 이미 6세기 후반에는 특유의 전통을 확립하여, 7세기에 들어서면서 신라의 불상은 삼화령 미륵삼존석불(三化嶺彌勒三尊石佛)이나 황룡사지 출토의 금동보살두(金銅菩薩頭)에서처럼 밝은 표정을 보이지만 몸의 비례나 옷의 처리 등에는 여전히 추상성이

감돌고 있다.

신라를 대표하는 최고의 미술작품은 경주에서 출토된 국보 제83호인 금동미륵보살 반가사유상과 안동에서 출토된 국보 제78호인 금동반가사유상이다. 이 2개의 금동반가사유상은 신라뿐만 아니라 삼국시대 전체를 대표할 수 있는 기념비적인 작품이다. 이 반가사유상은 석가모니 부처가 출가하기 전 현실 세계의 삶의 고통에 대해 깊게 고뇌하며 명상에 잠겼던 모습을 형상화한 것이라 할 수 있는데, 고대 인도에서 불상이 처음 조성되었을 때부터 만들어져서 중앙아시아를 거쳐 중국과 우리나라에까지 전파된 것이다.

[금동미륵보살 반가사유상]

신라 · 가야 고분에서 출토되는 손으로 빚은 사람, 동물의 토우(土偶)들은 불교 조각과 같은 전문 조각 공예인에 의해 만들어진 것은 아니지만 당시의 고유, 재래식 조각의 솜씨나 양식을 반영하는 자료라고 할 수 있을 것이다. 작고 투박하며 단순한 형태로 만들어진 토우들은 모두 주술적 의미에서 장식되었던 것으로 추정된다. 즉, 피리 부는 토우나 거문고를 연주하는 토우는 모두 천하의 화평 및 소원 성취를 기원하였고, 동물 형태의 토우는 이승과 저승을 연결하는 역할을 했던 것으로 보인다.

금속공예 분야에서 신라는 매우 우수한 작품을 남기고 있는데, 순금으로 만든 금관은 금관총에서 나온 금관과 천마총, 서봉총, 황남대총, 경주 교동고분, 고령에서 출토된 것들이 있다. 순금으로 만든 내관인 금제조식형 관식은 새 날개 모양의 장식으로 신라의 왕족들이 평상시에 썼던 관모이다. 황남대총에서 출토된 금관은 정면과 좌우에 출자형(出字形) 장식을 하나씩, 후면에는 2개의 사슴뿔 모양의 장식을 세워서 부착했다. 이 출자형은 나무 모양을 단순화한 것이며 이는 샤머니즘적 사고의 한 표현일 것이다. 부부총에서 출토된 국보 제90호의 금귀고리는 첫 부분의 굵은 고리 표면에 섬세하고 치밀한 누금 기법으로 가느다란 줄모양과 매우 작은 방울 모양을 수없이 많이 잇대어 붙여서 거북이 등무늬와 꽃무늬를 장식하고 중간 부분에는 작은 원형의 금환을 여러 개 이어서 만든 구체에 작은 나뭇잎 형태의 영락을 매어 달았으며 끝 부분은 하트 모양의 장식물로 마무리한 것이다.

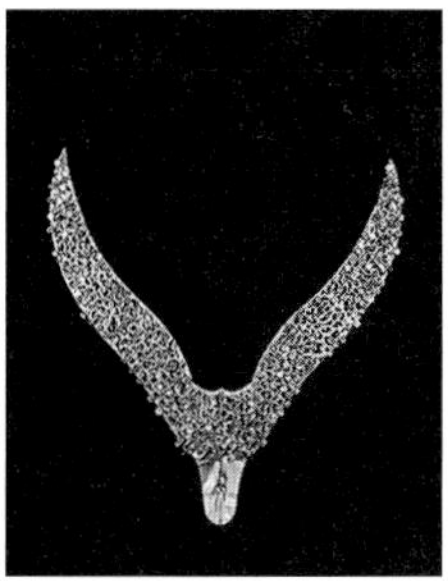
[금제 조식형 관식]

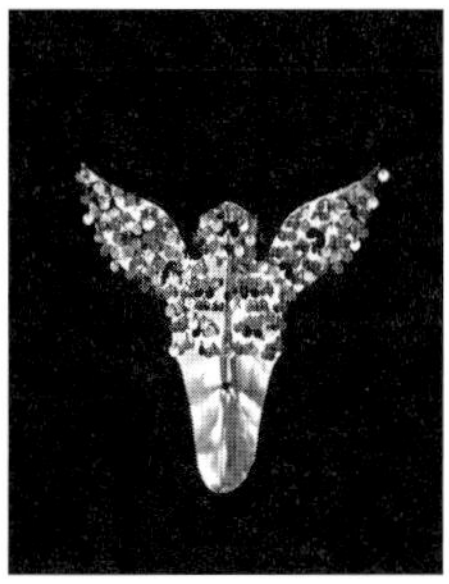
[금제 나비모양 관식]

[금관총]

[금귀걸이]

우수한 건축물로는 웅대한 분황사 모전석탑과 아름다운 곡선미를 지닌 첨성대가 남아 있고, 백제의 아비지가 건축한 황룡사 9층탑 등이 있었으나, 몽고 침입 때 소실되었다.

첨성대는 높이 약 950cm, 경북 경주시 인왕동에 있는 국보 제31호이다. 선덕여왕(善德女王) 때 세워진 것으로, 현재까지 남아 있는 세계에서 가장 오래된 천문대이다.

[첨성대]

3) 통일신라시대

통일신라시대에는 단일 대중국이 발산하는 강하고 끊임없는 영향력을 받아, 고유색이 짙었던 고대국가 신라는 내외적으로 많이 중국화되었다. 그리하여 신라의 왕들은 금관을 벗어 버리고 중국식 의복을 입었으며, 승려를 위시하여 많은 신라인들이 당으로 내왕하면서 당 문화 수입에 노력하여 우리나라 미술사상 황금기를 이룩하였다.

한편, 불교 중심의 미술이 발달하여 사찰과 석탑 등의 조형품이 많이 제작되었으며, 섬세하고 화려하며, 독자적인 정교한 양식을 확립하여 금관이나 장신구 등의 정교한 금속 공예에서도 높은 수준의 발전을 이룩하였다. 반면, 회화의 발전은 불교미술의 융성으로 보아 많이 있을 것으로 짐작되나 남아 있는 것이 거의 없다.

통일신라시대의 미술은 무르익은 기교의 산물이었다. 특히, 이 시대의 미술은 사실적으로 표현하고자 하면서도 실물 그대로 표현한 것이라기보다는 이상적인 미의 세계와 통일된 조화의 세계를 창조하려 하였다.

신라의 수도 경주에 있는 궁성 안의 인공 연못인 안압지는 못의 둑 전체를 돌로 견고하게 쌓아 만들었는데, 여기에서 나온 많은 유물을 통해서 화려했던 당시의 궁중 생활과 귀족 생활의 모습을 짐작할 수 있다. 특히, 호수 안의 굴곡이나 섬의 위치, 정자와 누각의 배치 등은 정원 조경술이 높은 수준에 이르렀음을 보여 주고 있다.

통일신라의 대표적인 예술 작품은 석굴암과 불국사이다. 석굴암은 경덕왕 10년에 김대성이란 사람에 의해 만들어졌다. 그 안에 본존불상을 중심으로 보살상, 나한상, 인왕상 등을 배치하여 불교 세계의 이상을 나타내고 있다. 그 치밀한 구성을 밑받침으로 한 정제미는 당시 신라의 건축 기술이나 조각 또는 과학 기술의 높은 수준을 나타내 주고 있다.

불국사는 토함산을 배경으로 넓게 트인 앞을 내다보고 세워졌는데, 신라인이 그리던 불국(佛國), 곧 이상적인 피안의 세계를 옮겨 조형화한 것이다. 불국사의 경내는 석단으로 크게 양분되어 있는데, 석단의 위는 부처님 나라이고 그 밑은 아직 거기에 이르지 못한 범부의 세계를 나타낸다. 앞쪽에 있는 청운교, 백운교는 석가모니의 불국 세계로 통하는 자하문에 연결되어 있고, 칠보 · 연화교는 아미타불의 불국 세계와 통하는 안양문과 연결된다. 석단 위, 곧 부처님 나라를 둘러싸고 있는 회랑의 구조는 궁중의 것과 유사하여 국왕과 부처를 비교하려는 의도를 알 수 있게 해 준다. 대웅전 앞에 서 있는 3층석탑과 다보탑은 세련된 아름다움을 보여 주고 있다. 이 두 탑이 세워진 이유는 불교의 경전인 '법화경' 의 내용에 근거한 것이다. 석가모니를 상징하는 석가탑과 다보불을 상징하는 다보탑을 불국사 경내에 나란히 세우게 되었던 것이다.

[석굴암 내부]

[불국사]

석가탑은 신라 석탑 양식의 대표적인 완성형이라고 말할 수 있는 탑이다. 탑 전체의 모양이 단순하면서도 경직되어 있지 않고, 조용한 변화와 함께 기하학적 질서 감각에 의한 안정감과 힘이 느껴지는 작품이다. 감은사지의 쌍석탑보다 한층 더 세련되고 발전된 면모를 보여 주는 석탑이다.

다보탑은 전통적인 양식과 매우 다른 특이한 형태를 보여 주고 있다. 세계 그 어느 나라에서도 다보탑과 비슷한 탑을 찾아볼 수가 없다. 전형적인 신라의 석탑들과 비교해 볼 때, 형태적으로 훨씬 다양한 구조를 지니고 있으며 섬세하고 화려하다. 무기체로서의 세계와 유기체로서의 세계가 상호 소통하고 조화를 이룸으로써 빚어내고 있는 우주의 아름다움을 조형적 차원으로 전이시켜 보여 주고 있는 듯하다.

범종의 주조 기술도 뛰어났는데, 상원사 동종은 가장 오래된 것이고, 성덕대왕신종은 크고 웅장하면서도 조각이 화려할 뿐만 아니라, 소리의 아름다움이 특히 유명하다.

[봉덕사종]

봉덕사종 또는 에밀레종이라고 불리는 성덕대왕신종은 무게가 25톤에 높이 3.78m에 달하는 우리나라에서 가장 큰 종이다. 이 종의 형태는 위쪽은 좁고 아래로 내려갈수록 넓어지다가 맨 아랫부분은 좁은,

형태적으로 단단하면서 안정감 있는 조형미를 보여 주고 있다. 용뉴(종을 달기 위한 꼭지)는 한 마리의 용으로 되어 있고, 용뉴 옆에는 음향을 조절하는 음관이 있다. 종신의 넓은 부분에는 부조로 새겨진 천인상이 있는데, 공손히 향로를 받들고 있는 천인상과 그를 에워싸고 휘날리는 불꽃이나 구름 같은 환상적인 보상화 무늬의 조화가 성덕대왕 신종의 아름다움에 신비감을 더하고 있다.

4) 고려시대의 미술

918~1392년까지 지속된 고려시대 미술은 통일신라의 전통을 계승하여 중국의 송(宋)·요(遼)·금(金)·원(元)과의 교류를 통해 새로운 양식과 특색을 형성하는 등 한국 미술사의 발전에 중요한 기여를 했다. 고려 미술은 특히 귀족적 아취와 미의식을 배경으로 불교미술과 청자 등에서 뛰어난 기량과 창의성을 발휘했으며, 유교적 이념과 한문학적 교양을 갖춘 지식 계층에 의해 감상의 성격을 지닌 일반회화가 대두되어 이 방면의 기틀을 마련하기도 했다.

(1) 회 화

고려시대에는 회화가 실용적인 목적을 위해서만 아니라 순수한 감상을 위해서도 제작되어 그 이전과는 매우 다른 양상을 띠게 되었다. 화원, 왕공사대부, 승려 등 세 부류의 화가들에 의해 전개되었다. 도화원이 설립되었으며 이녕의 예성강도, 천수사남문도, 송도팔경도 등 실경산수화가 태동되었다. 또한 중국 회화와의 교류가 활발해져 북송의 이곽파화풍, 남송의 원체화풍, 원의 미법산수화풍을 받아들여 개성적인 화풍으로 발전하였다. 12세기에 이르러 특히 높은 수준으로 발전하였고, 나라를 영예롭게 하는 것으로까지 여겨졌음이 고려사의 기록에서 확인된다. 대표적인 작품들로는 이제현의 기마도강도, 노영의 지장보살도와 공민왕의 수렵도, 천산대렵도가 있다. 고려시대에는 초상화와 인물화가 많이 그려졌는데 이는 유교의 정교 사상에 힘입어 더욱 유행하였다. 얼굴 윤곽

이 붉은 선으로 표현되는 선종화 계통의 인물화법인 안향초상화와 수락암동 제1호분의 12지신상과 오백나한상이 대표적이다.

고려시대의 회화 중 무엇보다도 우수한 그림들은 화려하고 세련미 있는 불화들이다. 고려의 불화는 어느 시대의 불화보다도 뛰어난 경지를 보여 주고 있다. 대표적인 불화는 수월관음도이다.

수월관음도

서구방(徐九方)이 그린 수월관음도(1323년, 비단에 채색, 165×101.5㎝)는 매우 화려하면서도 들뜨거나 속되지 않고 차분하게 내면화되어 있는 작품이다. 관세음보살의 앉아 있는 모습은 자연스럽고 편안하며 염주를 들고 있는 손의 움직임은 절묘한 변화를 보여준다. 입고 있는 의상도 품위를 잃지 않는 화려함을 지니고 있다. 무엇보다도 화면에 쓰인 선이 매우 섬세하고 유려하여, 그려진 대상의 아름다움을 돋보이게 하는 중요한 힘이 되고 있으며, 이러한 선의 흐름이 투명한 사리옷을 표현하는 데에 쓰인 것을 보면 신비롭기까지 하다.

[수월관음도]

(2) 조 각

불교가 국교인 고려시대에는 수많은 각종 불상들이 제작되었으나 일반적으로 통일신라보다 뒤떨어졌다고 할 수 있다.

고려의 조각은 몽고의 침입, 즉 13세기 초엽경을 경계로 해서 전기·후기로 나눌 수 있는데, 전기에서는 통일신라 말의 전통을 이으면서 새롭게 탄생한 자연주의가 중부 지역에서 일어난 것이 주목되며, 후기에 들어서면서 자연주의의 후퇴와 송·원의 조각의 영향 아래 소형 불상들이 새로운 활력을 가지고 유행하였다. 후기에는 주로 금동불에서 라마 계통의 양식이 수용되어 유행하였다.

(3) 건 축

고려의 궁궐 건축과 사찰 건축, 주거 건축은 모두 통일신라시대의 전통을 계승하여 발전했는데, 중기에 이르러 중국 강남 지방에서 발달된 목조건축의 양식이 유입되었다. 봉정사 극락전은 이 새로운 양식 도입의 과도기적인 현상을 보여주는 건축이며, 부석사 무량수전에서 비로소 정착되어 세부적인 변화를 일으키면서 고려 말기와 조선 초기에 걸처 성행했다.

석탑은 초기에 신라 양식을 계승했으나 점차 고준한 형태로 변했으며, 송과 원의 영향을 받은 6각탑과 8각탑 등 다각 다층의 탑이 세워졌다. 고려시대의 대표적인 건축물로는 봉정사의 극락전, 부석사의 무량수전, 수덕사 대웅전, 경천사 10층석탑, 월정사 8각 9층탑 등이 있다.

봉정사 극락전(국보 15호)

경북 안동군에 소재, 고려 중기의 유구(遺構)로, 우리나라에 현존하는 최고의 목조건물이다(무량수전과 함께). 단층이며, 기둥은 굵고 중간이 배부른(엔타시스)식으로 되어 있고, 두공은 2포작(二包作)이다.

부석사 무량수전(국보 18호)

신라 문무왕 16년에 창건되고, 고려시대 중기에 재건된 목조건물로, 우리나라 주심포계(柱心包係) 건물 가운데 가장 아름답고 우아하다. 정면 5간, 측면 3간으로 되어 있고, 내부의 천정 구조는 섬세하고 교묘한 기법으로 다루어져 있다.

수덕사 대웅전(국보 49호)

1308년(충렬왕 34년)에 건립, 정면 3간, 측면 4간으로 형태가 장중하고 수법이 건실하고 치밀하다. 벽면에는 조선시대 때의 그림과 그 밑에 고려 때의 그림이 그려져 있다. 충남 예산에 있으며, 공포는 2포식이다. 우미하게 휘어진 홍량(虹梁)이 있다. 1940년에 벽화가 발견되었다(수덕사 대웅전 내부).

경천사 10층 석탑

탑신 좌우에 인왕상이 있고, 2층 기단에 12지신상과 8부신상이 정교하게 부조되어 있다.

월정사 8각 9층탑

강원도 오대산의 월정사에 있으며, 높이가 13.5m이다.

(4) 공 예

고려시대의 공예는 각 분야에 걸쳐 탁월한 기량과 독창적인 양식을 보여 준다. 도자기는 그중에서도 더욱 두드러졌는데, 특히 청자는 세계 최고의 중국과 쌍벽을 이룰 정도로 뛰어났다. 청자는 약간의 철분이 섞인 정제된 흙으로 그릇의 모양을 만든 후 여기에 역시 철분이 좀 더 섞인 유약을 발라서 구워 낸 비취색의 자기이다.

고려 청자가 중국을 능가할 정도로 독창적이고 독보적인 지위를 차지하게 된 것은 12세기에 들어서이다. 비색(翡色)의 순청자는 송나라의 태평 노인에 의해 천하제일이라는 평가를 받았으며, 상감기법으로 무늬를 새기고 그 위에 비색 청자 유약을 씌워 구워 낸 상감청자는 절정기를 맞이하게 되었다.

[청자상감운학문매병]
青磁象嵌雲鶴文梅甁,
고려 12세기 중엽, 높이 42cm

'청자상감운학문매병' 은 상감기법 전성기의 모습을 보여 주고 있다. 풍만한 어깨에서 유연하게 흘러 내려오다가 굽에서 약간 밖으로 벌어지는 곡선은 당당하면서도 안정감 있는 세련미의 극치를 보여 준다. 몸 전체에는 흑백 두 겹의 원을 엇갈리게 배치하였는데 그 안에는 하늘을 향해 오르는 학이, 그 밖에 여백에는 땅을 향해 내리는 학이 가득 날고 있다. 이 학들은 구름을 배경으로 날고 있는데, 투명도가 높은 유약 · 청자의 비색과 어우러져 마치 맑은 가을 하늘 저 멀리에서 일어나고 있는 장관을 보는 듯하다.

청자어룡형주전자는 절묘한 형태 구성과 신비로운 비색으로 유명하다. 주전자의 주둥이는 어룡의 머리 형태로 만들어 놓았고 뚜껑은 물고기의 꼬리 모양이며, 주전자 몸체의 불룩한 넓은 면에는 수많은 비늘 모양이 촘촘히 새겨져 있고 몸체의 좌우 옆면에는 큰 가슴지느러미가 하나씩 만들어져 있다.

[청자어룡형주전자]

5) 조선시대

불교 국가인 고려와 달리 성리학을 국시로 하여 세워진 조선은 과장과 허세를 피하고 검박함과 절제를 지향하는 유교적 미의식이 확립되어, 화려하고 정교한 고려시대의 미술과는 대조적인 미감(美感)이 미술품의 주류를 이루게 된다. 따라서 참된 유학자들은 정의롭고 청빈한 선비의 삶을 중요하게 여겨 화려하고 감각적인 채색화보다 담백한 수묵화를 유행하게 했고, 소박하고 정적인 아름다움이 감도는 백자를 선호했으며, 자연미를 살린 목공예를 발달케 했다.

(1) 회 화

조선 초기: 태동기의 회화(1400~1550)

조선 초기에는 새로운 화풍의 수용에 화원들보다 더 진취적인 문인 화가들의 활동이 두드러졌다. 조선시대 대표적 회화는 안견의 몽유도원도와 강희안의 고사관수도 등이다.

◎ 몽유도원도(안견, 1447년, 비단에 담채, 38.7×106.5㎝)

1447년 안평대군이 도원을 거니는 꿈을 꾼 후 안견으로 하여금 그리게 했다. 세련미 넘치는 섬세함과 웅장함, 환상적인 신비감과 시적 깊이감을 격조 높게 구현하고 있는 작품이다.

◎ 고사관수도(강희안, 종이에 수묵, 23.4×15.7㎝)

강렬한 흑백의 대비 효과와 속도감 있고 날렵한 필선, 거칠면서도 거침없는 먹의 쓰임, 인물이 크게 부각되어 그려진 소경산수인물화(小景山水人物畵)라는 점이 안견의 화풍과 크게 다른 양식적 특징을 보여 주고 있다. 구도적 측면에서 볼 때 수직적 · 수평적 흐름을 기본 구조로 하는 정적인 구도를 채용하면서도 속도감 있는 붓의 유용과, 강렬한 명암 대비 효과를 주고 있는 거침없는 먹의 사용으로 그림에 활기가 넘쳐 보인다.

조선 중기(1550~1700)

조선 중기의 회화는 산수화가 가장 많이 그려졌고 중요시되었다. 산수화는 유가, 노장, 그리고 불교 등 3대 사상의 정신적 영향하에 전개되었다. 이 세 가지 사상은 우주와 인간과의 합일성을 주장하면서, 실체와 현상의 이분을 허용하지 않는 전원적 일원론을 특징으로 한다. 그러므로 우리 민족은 자연에 대한 깊은 친화감 속에서 자연과 한 몸으로서 융화감과 일체감을 전통적으로 느끼면서 살아 왔고, 이에 따라 자연 풍경에 깊은 애착심을 갖고 그것을 즐겨 그렸다. 조선 중기의 대표적 회화는 동자견려도와 조작도 등이다.

◎ 동자견려도(김 시, 16C 후반, 비단에 수묵담채, 111.0×46.0㎝)

화면에 등장하는 각 사물들의 적절한 공간 배치 효과와 여백이 어울려 짜임새 있는 구도를 보여 주는 격이 높은 작품이다. 그림에서 소나무는 주위 사물들에 적절한 조형적 통일감과 긴장감을 주고 있고, 소나무 위쪽으로는 흑백의 대비 효과를 주면서 주산이 그려져서 화면에 웅장함을 부여하고 있다. 그리고 각 물상들의 배치 관계에서 나타나는 화면구도가 변화가 있으면서 통일감이 있고, 안정된 가운데 역동성이 있는 절묘함을 보이고 있다.

◎ 조작도

까치 그림이 유명한 조속의 조작도는 나무와 새들의 배치에 세련된 구성미를 보이고 있으며 나뭇가지를 형성하고 있는 먹선의 흐름이 속도감과 농담에 자연스런 변화가 있으면서 거침없는 노련미를 엿볼 수 있다.

조선 후기(1700~1850)

조선 후기의 회화는 새로운 한국화의 경향이 더욱 발전해서 결실을 보았다. 특히 남종화가 도입되어 유행하였다. 남종화는 북종화(北宗畵)와 대비되는 화풍으로 대체로 인격이 높고 학식이 뛰어난 선비들이 자신의 내면 세계를 수묵이나 엷은 담채(淡彩)를 이용해 그린 것이다. 겸재 정선이 이룩한 실경의 그림 안에 진경의 의미를 담은 산수화는 우리나라 산수화풍에 큰 영향을 주게 되었고, 땀 흘려 일하는 사람들의 모습을 소탈하고 익살스럽게 묘사한 김홍도와 양반들의 풍류 생활과 부녀자들의 풍습, 남녀의 애정을 풍자적으로 묘사한 신윤복의 풍속화가 유행하게 되었다. 또한 민중의 생활과 밀접한 관련을 가지고 있고 소박한 정서가 담긴 민화가 유행하면서 정식 도화원의 화가가 아닌 일반 백성에 의해 실용적인 그림이 많이 그려졌다.

조선 후기의 대표적인 회화는 인왕제색도, 도봉도, 김홍도와 신윤복의 풍속화첩, 민화 등이다.

◎ 인왕제색도(정선, 1751년, 족자, 종이에 수묵담채, 79.2×138.2㎝)

흑백의 대비 효과를 적절히 이용하여 조형적 긴장감이 넘치는 회화미를 보여 주고 있다. 안개의 흐름에 변화를 주어 지루함을 없애고, 산 위쪽에 그려진 다양한 바윗덩어리들은 검게 칠해진 주봉우리에 의해 통일감을 이루며, 이로써 흰 안개의 흐름과 화면 하단의 나무들의 모습에 의해 대조를 이루며 조화를 얻고 있다. 그림의 시점으로 보아 실제로 정선이 경치를 바라보고 그렸음을 알 수 있다.

◎ 김홍도의 「풍속화첩」

김홍도의 풍속화첩에는 〈씨름〉, 〈무동〉, 〈주막〉, 〈벼타작〉, 〈빨래터〉, 〈우물가〉, 〈자리짜기〉, 〈대장간〉, 〈서당〉, 〈고기잡이〉, 〈편자박기〉, 〈화쏘기〉, 〈길쌈〉, 〈장터길〉, 〈행상〉, 〈점심〉, 〈그림감상〉 등의 주제로 당시의 풍속에 대한 다양한 관심과 예리한 관찰이 돋보이는 작품들이 실려 있다.

[대장간]

◎ 신윤복의 「풍속화첩」

신윤복은 김홍도의 영향을 받아 창조적으로 재해석하고 새롭게 변화시켜 자신만의 독창적인 화풍을 창안하였다. 즉, 김홍도에 비해 가늘고 유연할 뿐만 아니라 섬세하여 형태를 보다 세밀하게 묘사하는 데 도움을 주고 있다. 또한 색채 효과가 보다 산뜻하고 뚜렷하며 원색을 과감하게 즐겨 사용하였다. 이러한 그의 풍속화는 인물의 배경을 중요시하여 배경 풍경을 항상 그려 넣었다. 신윤복은 배경 풍경을 주제를 살리는 요소로 보았던 것이다.

[월하정인도]

◎ 민 화(民畵)

민화라는 어휘는 1937년 월간지 〈공예적 회화〉에 발표한 논문에서 '민중 속에서 태어나고 민중에 의해 그려지고 민중에 의해서 구입되는 그림을 민화라고 하자' 라고 주장함으로써 만들어진 신조어이다.

민화는 거의 조선시대에 그려진 것들로 삼국시대의 고분벽화로 그려졌던 사신도에 그 뿌리를 두고 있는 것으로 추측된다. 사신도의 네 가지 상징 동물로는 현무(玄武), 백호(白虎), 주작(朱雀) 그리고 청룡(靑龍)이 있다. 이러한 사신도가 세월이 지나는 동안 사람들에 의해 되풀이되어 그려짐으로써, 민화에서는 용, 호랑이, 거북, 봉황 등으로 그려져 민화를 낳게 했다. 이외에 십장생 및 다른 주제의 그림들도 대부분 그 뿌리를 고분벽화에 두고 있다.

민화에 대한 학자들의 논의 중 공통적으로 인식하는 부분은 크게 세 가지로 정리될 수 있다. 첫째, 민화는 전문적인 화공이 아닌 일반인이 그린 그림이다. 둘째, 민화에는 가식과 허식, 지배의식 등과는 거리가 먼 우리 겨레의 순수하고 소박한 민족의 정서, 자유분방한 생활미, 의식들이 숨김없이 표현되었다. 셋째, 민화는 '생활화, '실용화' 이다. 따라서 이를 종합해 보면 민화는 우리 민족의 정서와 생활미가 숨김없이 표현된 생활화라고 정의될 수 있다.

[까치와 호랑이]

민화에서 보이는 한 쌍의 물고기 그림은 음양화합의 부부애를 기원하는 의미가 담겨 있고, 수많은 작은 물고기 떼는 자손 번창의 염원이, 물 위로 솟구치는 잉어 그림에는 과거급제나 입신출세의 욕망이 깔려 있다. 이처럼 물고기 그림에는 민중의 소박한 염원이 담겨 있다. 민화에 나타난 동물, 식물 등은 각기 그 의미가 담겨 있다.

모란은 꽃 중의 꽃이라 불리는데, 구색천향, 한나라의 으뜸을 차지할 만큼 완벽하게 아름다운 꽃이라는 고사도 있다. 부귀영화 누리기를 축원하는 뜻이 있어 혼례식이나 회갑연에 주로 사용되기도 한다. 네 개의 모란 가지를 자연스럽게 휘어 화면 가득 풍성한 느낌을 준다.

(2) 건 축

조선시대 건축은 성리학적 사상을 기반으로 한 유교주의 사회라는 특징에 의해 궁궐, 관아, 성곽, 성문, 그리고 서원 등의 건축이 중심을 이루었다. 규모도 신분에 따라 일정한 차등을 두어 신분질서 유지와 불필요한 사치를 막도록 하였다. 따라서 건축은 대체로 규모가 작고 검소하면서도 위엄을 갖추었고, 어느 건물이나 건물 자체의 균형뿐만 아니라 주위의 환경과 조화를 이루는 아름다움을 지니고 있었다. 이 시대의 대표적인 건축물로 현존하는 것으로는, 안동의 도산서원, 서울의 숭례문, 창덕궁의 돈화문, 개성의 남대문, 해인사의 장경관전 등을 들 수 있다.

(3) 공 예

공예는 상류계층의 사치품이 아니라 의식주의 필수품이나 사대부의 문방구 등과 관련하여 특색 있는 발달을 보였다. 따라서 공예품의 재료는 나무, 대, 흙, 왕골 등과 같은 흔한 재료를 많이 이용하였고, 주로 생활필수품으로 만들어진 도자기 등은 견고할 뿐만 아니라 그 형태나 색깔이 소박하면서도 기품이 있었다.

분청사기

분청사기는 분장회청사기의 준말로서, 백토로 분장을 한 회청색의 사기라는 뜻이다. 청자로 대표되는 고려자기가 화려한 귀족적 풍모가 있었다면 백자로 대표되는 조선 도자기는 소박하고 소탈한 서민적 모습을 지녔다고 표현되기도 한다.

분청음각어문편병은 몸통이 둥글고 양면이 편평하며 입이 작은 편병으로 풍만한 양감을 갖고 있는 초기 편병에서 발전한 형태이다.

기면 전체에 백토를 귀얄로 두껍게 칠하고 음각선으로 편평한 양면에는 각각 두 마리씩의 물고기 그림을 넣었는데 위를 향하고 있으며 비늘은 없다. 또한 옆면에는 음각 기법과 함께 박지(剝地) 기법을 써서 모란과 파초를 나타내고 있다. 기형이나 분장 기법, 문양 장식 등에서 잔손질에는 신경을 쓰지 않는 대범한 기법을 엿볼 수 있다. 바닥에는 굽다리를 안정감 있게 배치하여 멋과 균형의 미를 조화시킨 편병이다.

백 자

임진왜란 이후 분청사기가 자취를 감추었고, 백자가 주를 이루었다. 백자는 하얀색 정제된 흙으로 그릇 따위의 모양을 빚은 후 투명한 백색 유약을 입혀 구워 낸 자기이다. 청자보다 깨끗하고 담백하며, 순백의 고상함을 풍겨서 사대부의 취향에 걸맞은 멋을 풍겼다.

백자에 청화 안료로 그림을 그리는 것은 15세기 중엽부터 서서히 시작되었으나 수입이 여의치 않았기 때문에 최소한의 청화를 사용하여 간결하면서 절제된 그림을 그리게 된다. 그러나 이러한 경향은 비단 경제적인 이유 때문만은 아니며, 중국의 그것과 같이 그릇을 가득 메우는 복잡한 그림은 한국인의 정서에 맞지 않았기 때문이기도 하다.

[분청음각어문편병]
粉靑陰刻魚文扁甁, 조선 16세기, 높이 22.6cm, 국보 제178호

조선 17세기 후반 청화백자국죽문각병에서도 간결한 필치의 대나무와 들꽃 한 포기를 만날 수 있는데, 그 절제된 모습에서 섬세한 아름다움과 함께 품위를 느낄 수 있다. 은은한 청백색의 유조(釉調)를 바탕으로 맑은 청화의 푸른빛이 잘 조화되고, 면을 깎아 낸 병의 세련된 곡선과 함께 깨끗하고 산뜻한 분위기를 풍기고 있다. 굽이 없고 구연이 약간 밖으로 말려 있는 것은 각병(角甁)의 특징이다.

[청화백자국죽문각병]
靑華白磁蘭竹文角甁, 조선 17세기 후반, 높이 27.5cm

백자철사포도문호는 조선 중기의 전형적인 항아리 형식으로 얕은 목과 넓게 퍼진 어깨 등 당당한 양감을 주는 대작이다. 목에서부터 시작하여 밑으로 늘어진 포도 가지와 포도송이는 그 옅고 짙음의 표현이 자유스러워 마치 화폭에 그린 포도를 보는 듯하다. 이렇게 붓놀림이 뛰어날 뿐 아니라 밑에 넓은 여백을 남기는 구도 등은 이 작품의 세련노가 보통이 아님을 보여 주고 있다. 이렇게 원숙한 솜씨로 그림을 그려 넣은 작품들은 거의 도화서(圖畵署) 화원(畵員)들의 작품으로, 청화(靑華)로 된 것은 비교적 많은 편이나 이렇게 철

[백자철사포도문호]
白磁鐵砂葡萄文壺, 조선 17세기, 높이 53.3cm, 국보 제107호

사 그림으로 된 것은 드물다.

4. 전통미술의 재료는

전통미술의 재료는 환경에 순응하는 '자연 재료' 이다. 해롭지 않으며 오랫동안 변하지 않는 특성이 있고, 또한 공해 물질을 정화하는 탁월한 습성도 함께 지니고 있다. 전통미술의 재료를 구체적으로 살펴보면 다음과 같다(문미옥 외, 2001; 인터넷 자료 : 박재완 우리그림 http://home.pusan.ac.kr/~uriart/index.html).

1) 한 지

우리나라에서는 삼국시대부터 한지를 제조하여 사용해 온 것으로 추측하고 있다.

한지는 닥나무와 닥풀을 가공하여 자연광에 말린 것을 그 원맥으로 한다. 한지의 종류는 원료에 따라 나누어지는데 소나무 속껍질을 닥나무에 섞어서 만든 송피지(松皮紙), 버드나무 잎과 닥나무를 섞어 만든 유엽지(柳葉紙), 뽕나무를 닥나무에 섞어 만든 상지(桑紙), 황마를 닥나무에 섞어 만든 황마지(黃麻紙) 등이 있다.

한지는 재료의 자연성과 습기에 대한 흡수성이 뛰어나 묵의 농담과 선묘적 표현을 잘 살릴 수 있는 재료로 오랫동안 사용되어 왔다.

한지에는 우리 민족의 생활 정서가 배어 있고, 강인하고 부드럽고 깨끗한 면에서 우리 민족성을 닮았다. 한지의 독특한 풍치는 우리 마음을 파고드는 아늑

한 질박감이 있다.

2) 먹

먹은 소나무와 식물유(植物油)를 태워 얻은 그을음 가루를 갖풀에 섞어 반죽하여 굳힌 검은 물감을 말한다. 사용할 때는 벼루와 같은 단단한 판 위에 물을 붓고 갈아서 사용한다.

먹의 종류에는 소나무를 태워 만든 송연묵(松煙墨), 식물유(植物油)를 태워 만든 유연묵(油煙墨)이 있으며 현재는 광물성 그을음을 사용하여 만든다.

3) 붓

붓은 축, 수, 초의 세 부분으로 이루어져 있다. 축은 죽관이 많으나 목봉이 사용되기도 한다. 수의 재료로는 양, 여우, 토끼, 호랑이, 사슴, 산돼지, 이리, 개, 말 등의 털이 사용되며, 초는 붓의 덮개를 말한다.

붓은 털의 품질이 가장 중요하다. 털이 빳빳하고 뾰족한 것, 털이 많으며 가지런한 것, 털 윗부분이 끈으로 잘 묶여서 둥근 것, 오래 써도 털에 힘이 있는 것이 기본 조건이다.

4) 아 교

아교는 소가죽을 물에 넣고 끓여 끈적끈적한 성분을 우려내어 굳힌 것이다. 일반적으로 쓰이는 아교는 단청이나 나무를 붙일 때 쓰는 용도로는 몰라도 회화용으로는 채도가 떨어지며 쉽게 부패하여 재료로 사용하기 어렵다.

5) 물 감

물감은 분채, 석채, 당채 등으로 나뉜다. 분채는 가루로 된 물감으로 분말을 제조하는 과정에서 알맹이를 부수어 병에 담은 것이다. 분채의 특징은 밀가루처럼 입자가 고운 것이고 광물성 물감이다. 사용상 주의할 점은 색 반죽을 끝낸 뒤 묽게 쓰려고 물을 넣고 저어 착색을 하면 번짐이 나타난다는 것이다.

석채는 광석을 분쇄하여 만든 물감이다. 석채의 특징은 입자가 미세한 것부터 거친 것까지 다양하다. 당채는 '오채먹' 이라고도 한다.

자연 식물성 물감은 풀이나 꽃 등 식물을 이용하여 천연색을 만들어 내는 것을 말한다. 자연 식물성 물감은 한지가 아니면 자연스런 효과를 내지 못하므로 한지를 사용해야 한다.

7

전 통 춤

7장

1. 전통춤이란 무엇인가

전통춤이란 한국무용이라고도 하며, 우리나라 사람들이 예전부터 각종 행사나 놀이에서 했던 몸짓(무용, 舞踊)을 말한다. 무용은 인간이 집단 취락을 시작하면서 자연에 대한 외경과 공포 속에서 본능적으로 대처하기 위해 집단적인 종교의식 또는 무속 행사를 하게 된 데서 비롯되었다.

고대에는 음악(哥)과 시가(恃)와 무용(舞)이 구별되지 않고 종합예술로서 성립하였다. 즉, 음악이 있으면 시가가 있고, 시가가 있으면 반드시 무용이 수반되어 이것을 악(樂)이라 규정했다(차용준, 2000). 무용은 남성들에 의해서 행해졌으며 의식적이고 격조 높은 것이었다고 기록되어 있다. 이를 통해 무용이 개인적인 것이 아니라 국가적인 큰 행사로서 대단히 중요시되어 왔다는 것을 알 수 있다.

우리의 전통춤은 오랜 역사를 통해 내려오는 동안 역사적 배경의 소산 아래 '힘의 예술', '꿈의 예술', '슬픔의 예술', '멋의 예술'로 탄생하였다(인터넷 자료 : 나빌레라 무용단 http://www.nabillera.net/home.htm).

2. 전통춤의 역사

3세기경에 기록된 『삼국지』《위지》〈동이전〉과 중국 사적에 기록된 기록에 한반도의 여러 부족들은 1년에 1회 또는 2회의 제천대회(祭天大會)를 열고 제천과 아울러 부족 의식을 연마하며, 가무백희(歌舞百戲)를 연행하였다고 되어 있다. 부여의 영고, 고구려의 동맹, 예의 무천, 마항의 춘추제, 가락의 계욕 등은 거족적 행사였으며, 마한에서는 5월 하종이 끝났을 때와 10월 농사일을 마치게 되면 신에게 제사를 지내고 많은 백성들이 모여 주야로 가무음주를 하였으며 여러 사람이 일제히 장단에 맞추어 답지저앙(땅을 밟으며 굽혔다 뛰었다 하는 것) 하면서 절주(節奏) 있게 추는 춤은 중국의 탁무(방울춤, 목탁춤)와 비슷했다고 기록되어 있다. 이때 부족들이 즐기던 노래나 춤은 완전한 격식이나 형태를 갖춘 것은 아니었다.

그 후 본격적인 왕권 정치의 틀이 잡힌 삼국시대로 오면서 오늘날과 같은 무용 본래의 개념으로 인식되기 시작하였다. 궁중에서는 전문 무용수를 두어 국가적 행사와 의식 또는 경축 등에서 춤을 추게 했으며, 궁궐에서 연례용(宴禮用)으로 쓰이게 되었다(성경린, 1995).

삼국시대, 고려시대, 조선시대 등 각 시대별로 전통춤의 특징을 요약하면 다음과 같다.

1) 삼국시대

삼국시대에는 무용 예술이 상고시대보다 더욱 진보·발달하였으며, 무용의 모든 영감은 신화에서 유래하였다.

(1) 고구려

고구려는 백제나 신라보다 대륙과 인접해 있어서 가장 일찍이 대륙 문화를 받아들였으며 주체적인 역량과 자율성을 지닌 왕권 국가로 발전시킨 강력한 힘을 가진 국가였다. 특히 불교를 수용함으로써 초부족적인 부족국가의 사상체계를 확립하고 율령을 반포함으로써 국가조직과 관료 체제를 정비하였다. 또한 불교의 도입으로 불교예술이 일어나고 중국 등의 외래문화를 수입하여 고구려의 독특한 예술 형태를 구축하였다.

특히 무용총의 벽화에서는 무용하는 모습과 관현악을 연주하는 그림이 있어 전문 무용수와 음악인이 독립해 있었음을 짐작할 수 있다.

벽화에 나타난 고구려 춤의 특징은 다음과 같다(정병호, 1999).

- 긴소매를 흔들면서 춤을 춘다.
- 남자 독무, 남자 쌍인무, 남녀 쌍인무와 남녀 군무 등 여러 종류의 형식을 갖추고 있었다.
- 약 10명 이상의 직업 무용수들로 구성된 무용단이 통치자를 위한 공연을 했던 것으로 보아 춤과 생활이 분리되어 있었다.

(2) 백　제

백제는 삼국 중에 가장 비옥한 경기도 한강 이남으로부터 충청도, 전라도에 위치하여 농경문화가 높은 수준으로 발달하였다. 고구려, 신라와 함께 강성했던 백제는 직접 중국 남조문화를 수용하여 섬세하고 온후하며 이지적인 예술을 만들어 냈을 뿐만 아니라, 일본에 아직기, 왕인이라는 학자들을 보내어 백제의 문화 예술을 전해 주어 아스카시대 예술의 모태가 되었다.

백제는 마한의 풍습인 5월 하종과 10월 추수가 끝난 후 천지에 제사하면서 여러 낮, 밤을 가무로 즐겼다. 현재의 은산 별신굿과 도당굿 등으로 전승되었다는 설도 있고 목탁같이 생긴 방울을 들고 두드리면서 발을 맞추어 춤을 추었다고 하는데 이는 오늘날의 농악 또는 두레굿의 원초적인 형태로 현재까지 계승된 것으로 추정되고 있다.

백제의 무용 사상의 가장 두드러진 업적은 7세기 초 백제인 미마지가 남중국의 오나라에서 기악을 배워 와서 백제에 전하고 멀리 일본까지 전해 준 일이다. 이 기악은 당시 사용하였던 가면이 일제의 동대사 등 여러 곳에 보관되어 있다는 사실로 알 수 있으며, 우리나라에서는 오늘날에도 볼 수 있는 산대놀이로 여러 지방에 퍼져 전해 오고 있다(인터넷 자료 : 나빌레라 무용단 http://www.nabillera.net/home.htm).

백제 춤의 특징은 다음과 같다(정병호, 1999).

- 중국 남조악인 청악계의 영향을 받아 독자적인 춤 문화, 즉 불교적 가면 무극, 기악 무극과 농악 춤으로 보이는 탁무가 있었다.
- 악사와 무용수의 벼슬이 높은 지위에 있었을 것이다.
- 비옥한 농토를 가진 땅에 건립되었으므로 남성들의 농악과 여성들의 소리춤(강강술래)이 발달했을 것이다.

(3) 신 라

신라시대에 불교 보급은 예술을 이해하는 많은 고승들을 배출함으로써 신라를 비롯하여 삼국의 정신문화를 꽃피우는 데 공헌하였다. 935년 신라가 쇠망할 때까지 약 992년간의 문화예술이 찬란하였음을 현존하는 신라의 유물이나 유적, 문헌 등에서 미루어 짐작할 수 있다. 삼국사기 역시 청소년 단체인 화랑 집단이 가무를 중요시하였음을 기록하고 있다.

특히 6세기 후반에 문화가 상당히 발전한 가야제국을 흡수하여 가야금과 천재적인 음악가인 우륵이 신라에 옴으로써 신라의 무악은 새로운 양상을 띠게 되었다.

신라시대 춤의 특징은 다음과 같다(정병호, 1999).

- 무악을 예악(禮樂)이라 하여 통치의 중요한 덕목으로 삼고 항상 가까이했으며, 무악인들이 높은 벼슬을 하였다.

- 가야 사람 우륵을 잘 대접하여, 본격적인 궁중 춤을 창안함으로써 우아하고 아름다운 가야금 반주의 춤을 궁정에서 공연하였다.
- 무척(춤쟁이), 가척(노래쟁이), 금척(가야금잡이) 등의 무악인들이 전문적으로 분화되어 있었다.
- 일본 천왕의 국장에 장례 무악인 80여 명을 파견할 정도로 궁중 무악이 발달하였다.
- 구나적인 춤(악귀를 쫓는 춤)이 성행하였다.

[처용무]

2) 고려시대

고려시대는 불교가 주도하였으며, 음악과 무용도 숭상되어 초기 삼국시대의 무용이 그대로 전승되었고, 중국 송대의 무악, 즉 왕모대가무, 포구락 등 화려한 송조(宋朝)의 궁정 무용, 그리고 일무(佾舞)라고 하는 종교 무용의 수입으로 더욱 번성하게 되었다(차용준, 1999). 제11대 문종 때에 이르러 중앙집권적 국가체제가 완전히 갖추어지고 음악 · 무용도 놀랄 만하게 융성하였다.

특히 '일대가 흥하면 반드시 일대가의 제작이 있어야 한다'는 통념과 '음을 앎으로써 악을 알고 악을 앎으로써 정치를 알게 된다'는 예악(禮樂) 사상과 정치사상이 투철하였기 때문에 하늘의 명을 받은 임금의 공덕을 반드시 악가(樂

歌)로 만들어 후세에 전하게 하였다(성경린, 1995).

고려시대 춤의 특징은 다음과 같다(정병호, 1999).

- 고려시대의 춤은 팔관회나 연등회와 같은 국가적인 축제에서 발달하였다.
- 고려시대는 통일신라시대보다는 훨씬 전문화된 교방 기녀 양성소가 있어서 이들에 의해서 궁중 가무가 시행됨으로써 예술적으로 수준이 높은 것이었다.
- 신라시대 가무 백희(탈춤)는 고려시대에 와서는 가설무대를 만들어 상연함으로써 가무 백희가 한층 예술적으로 수준이 높아졌다.
- 궁중에서 행하는 벽사진경의 나례 의식에서 무서운 가면을 쓰고 귀신을 쫓는 나례춤으로 신라의 처용무가 채택되었다.
- 고려 예종 때는 당에서 궁중 정재가 수입됨으로써 우리나라 가무가 차츰 양립되기 시작했다.

3) 조선시대

고려를 계승한 조선시대는 무용이 한층 융성함을 보였다. 조선시대는 건국 당초부터 예악(禮樂)으로써 국정의 요체를 삼았다. 세종대왕은 무악의 정리와 신작에도 힘을 기울였고, 세조 또한 전대의 소작인 종묘의 무악 정대업·보태평의 개산에 성공하였다. 특히 성종 24년(1492년)에 만들어진 『악학궤범』은 당악정재, 향악정재의 빠진 부분을 전부 수록했을 뿐만 아니라 무용복과 의물(儀物)까지를 소상하게 그려 놓은 것으로, 조선조 초기의 궁중무용의 모습을 요연하게 한 것이다(차용준, 2000).

조선의 음악·무용에 있어서 특기할 사항은 개국 위업을 기리고 왕실과 국가의 태평성대를 축원하는 수단으로 예술을 폭넓게 도입했다는 점이다(성경린, 1995). 따라서 조선시대의 춤은 고려의 무용과 음악을 개작하고 독창적인 창의력을 발휘하여 춤을 만들어 냄과 동시에 중국의 춤을 조선시대에 맞게 고쳐 사용하는 편법을 사용하여 여러 모양새를 갖춘 종교춤, 민속춤 그리고 교방춤과 궁중 정재 같은 다양한 춤들이 생겨나게 되었다.

조선시대 춤의 특징은 다음과 같다(정병호, 1999).

- 무속춤은 조선 초기만 해도 산제(山祭), 성황(城隍), 기우제(祈雨祭) 등 공의적인 굿판에서 추었으나, 조선 후기에는 사의적(私儀的) 굿으로 전락하여 오구굿과 같은 집안굿으로 변모하였으므로, 국춤이 지역적으로 양식화하였다.
- 조선 중기 이후부터 나온 것으로 보이는 불교의식은 불교가 서민불교로 변모하는 과정에서 포교 수단으로 예술을 각종의 제사의식에 도입함으로써 생긴 춤이다.
- 조선 후기는 민중문화의 발달로 다양한 민속춤이 성황하였으므로 또한 관념적 춤에서 벗어나 인간의 감정을 바탕으로 하여 자유롭게 자기 표현을 하는 예술적인 춤이 가속화한 것으로 보인다.
- 춤의 향유층이 양반에서 서민으로 확대되면서 민속적인 춤으로 변모하고, 또한 자연히 전문적인 무용가가 생겨났고, 춤 애호가도 생겨나는 등 조선 후기의 민간춤이 성립되었다.
- 농악, 탈춤, 소리춤과 같은 집단춤과 허튼춤, 모방춤과 같은 민속춤은 엄격하고 형식적이며 개인적인 공연 형식을 가지고 있는 양반춤과는 다르게 더불어 노는 춤으로 축제적인 성격을 지니고 있으며, 삶과 밀접한 관계가 있는 공리성(功利性)이 있다는 점이다.
- 조선 후기의 교방인(기생)들은 서민들이 즉흥적으로 흥겹게 멋을 부리는 춤과 양반계층이 향유한 우아하고도 형식적인 궁중춤을 조화롭게 융합시켜 승무나 살풀이춤과 같은 예술성이 뛰어난 춤을 창조한 것으로 보인다.
- 궁중 정재춤은 조선 전기는 당악 정재와 향악 정재로 그 형식을 뚜렷이 달리했고, 그 춤은 예악적 유교 관념을 가진 춤이었으나 조선 후기에 들어오면서 춤마다 그 형식을 재창조함으로써 당악 정재와 향악 정재의 구분이 없어지는 경향을 띠게 되었으며, 또한 의식무용적 성격을 벗어나 공연 예

술적 양상을 띠었다는 사실이다.

- 조선시대에는 춤추는 무대가 있었다.

3. 전통춤의 특성

우리 전통춤의 원초적 형태는 국가적 의식 끝에 있는 축제의 홍이 어깨에서 구체화되어, 리드미컬하게 온 몸으로 퍼져 멋으로 승화한 것으로 집약할 수 있다. 그러나 삼국시대를 거쳐 고려 · 조선시대로 내려오면서 한국무용의 특성은 변형되었다(차용준, 2000).

우리 전통춤의 특성을 종합 · 정리해 보면 다음과 같다(김영희, 1998; 성경린, 1995; 조윤미, 2005).

- 우리의 춤은 상체(손, 팔, 어깨) 중심의 춤이고, 서구 무용은 주로 하체(발, 다리) 중심의 무용이다. 우리 춤은 호흡으로 신체의 움직임을 극대화하고 치마 속에 감추어진 하체의 움직임은 상체 움직임의 안정을 도와주는 보조 역할이지만, 그 동작의 미묘함 또한 중요하다.
- 우리의 춤사위는 겉으로는 동작이 거의 없는 듯하면서도 그 속에 잠겨 흐르는 미묘한 움직임, 즉 '수많은 움직임이 집중하여 완결시킨 하나의 경지' 라는 것이다. 동중정(動中靜), 정중동(靜中動)의 높은 경지에까지 이르러 있다.
- 한국의 민속음악이나 민속무용에서는 '장단을 먹어 주는' 대목이 많이 나온다. 이는 맺힌 것을 풀어 주는 이완인 경우도 있고, 풀린 것을 맺어 주는 긴장일 경우도 있다. 따라서 우리의 전통춤은 긴장과 이완을 적절히 배합하여 맺고 풀고, 어르고 당기는 데에 그 묘미가 있다.
- 엇박을 탄다. 이는 평범한 순차적 진행 구조에 한 가닥 파문을 일으키는 것

으로, 꾸밈은 꾸밈이되, 인위적인 것을 거부하는 꾸밈 속에서 자연스러운 멋이 흘러나오게끔 하는 것이다.

- 춤의 동작, 즉 춤사위의 시작이 그 끝이 되고, 그 끝이 다시 춤의 시작이 되는 무한 연속의 반복적인 특징이 있다.
- 춤의 구성이나 동작이 자유스럽고 자연스런 표현으로 시종일관한다. 따라서 춤사위 자체가 '무기교적 기교의 극치'라고 할 수 있다.
- 우리의 궁중무용은 개인의 감정이나 정서의 표현을 강조하지 않으며, 움직임이 정중하고 느리고 곡선적이다. 반면에 서양의 발레는 움직이는 선이 직선적이며 감정 표현도 직설적이다.
- 우리 민속무용은 해학적이면서 계몽적인 데 비해 서양의 민속무용은 대개 단순하고 경쾌하며 사교성이 강하다.
- 우리의 춤판은 무대 없이 평면 공간인 뜰이나 마당에서 관객과 함께 어우러져 행해 왔다. 따라서 관객과 수평 위치에 있는 상체 표현이 더 중요하게 강조되었던 것이다. 1900년대 들어 '원각사'라는 서구식 무대를 갖춘 극장이 생기면서 이에 맞게 무용도 점차 무대화하기에 이르렀다.
- 무보(舞譜)에 있어서 우리나라는 조선 영조 무렵인 1700년대에 종묘제례 일무(佾舞)를 그린 「시용무보」가 출간되었으나, 서양은 독일의 라반에 의해 1920년에 무보가 창안되었다.

4. 전통춤의 기능

우리의 춤은 종교나 농경의례, 노동, 일상생활, 명절 등과 밀접한 관계가 있다. 이러한 기능을 생활적 기능, 공동체적 기능, 표현적인 기능, 예술적 기능으로 나누어 볼 수 있다(정병호, 1999).

1) 생활적 기능

우리 춤은 무대 공연을 위한 춤이 아니라 종교나 농경생활 그리고 세시풍속과 관련된 생활적 기능을 가지고 있다. 탈춤이나 소리춤을 보면 민중계층의 제약된 생활조건 속에서 자연스럽게 우러나온 것이므로 실제 생활의 여러 가지 사건이나 현상을 솔직하게 표현하고 있다. 또한 춤판이 벌어졌을 때 민중은 구경만 하는 것이 아니라 직접 참여한다는 점으로 보아 민중춤은 생활과 결부된 공리성을 가지고 있다고 할 수 있다.

2) 공동체적 기능

민중의 춤인 민속춤은 공동체의 구성원들이 공동체적인 결속을 한층 강화하기 위하여 농악을 위시하여 탈춤, 소리춤과 같은 집단춤을 생활화하여 양반층과의 갈등에서 오는 스트레스를 풀거나 투쟁적 시위로 활용하였다.

특히 농민들은 공동 노동을 하면서 노동에 활력을 주기 위하여 농악을 하면서 일을 하였다. 설날, 단오, 추석과 같은 명절은 여러 가족들이 모이기 때문에 가족들의 공동체나 마을의 공동체를 확인하는 데 좋은 기회가 된다. 이러한 명절에는 남성들이 농악 판이나 탈춤 판을 베풀고 여성들은 강강술래 판을 베풀어 난장을 이루는 가운데 춤을 춘다.

3) 표현적 기능

우리 춤은 생활에서 겪은 온갖 고통 및 갈등과 응어리진 감정을 푸는 삶의 표현적인 기능을 가지고 있다. 연예적 농악과 탈춤 그리고 남녀의 소리춤과 난장판에서 추는 허튼춤과 사람과 동물의 모방춤 같은 것이 그러한 기능을 가진다. 민중춤은 살이 낄수록, 응어리가 깊을수록 신명이 고조되고 어둠의 세계에서 밝은 세계로, 눈물에서 웃음으로 전환되는 가운데 갈등 해소는 물론이고 예술적인 충동이 일어나게 하는 기능을 가지고 있다.

4) 예술적 기능

우리나라 춤에서 공연 예술의 성격을 띤 춤은 '마당' 이라는 공연장에서 추어진 농악춤과 탈춤이 있으며, 또한 궁정의 들판과 옥내에서 연희된 궁중춤과 본격적인 공연 예술이라 할 수 있는 대청마루나 사랑채에서 추었던 기녀, 창우들의 춤인 살풀이춤, 승무, 태평무 등은 예술적 기능이 높은 춤이다.

5. 전통춤의 종류

한국무용은 분류의 기준에 따라 일반적으로 크게 두 가지로 구분한다. 첫째, 춤을 추는 사람의 신분과 춤을 추는 장소에 따른 분류로 궁중무용, 민간무용(민속무용)으로 나눈다.

둘째, 춤의 유형적 형태에 의한 분류로써 궁중무용, 민속무용, 의식무용, 신(新)무용으로 나눈다.

그러나 일반적으로 춤의 유형적 형태에 의한 분류를 많이 사용하므로, 그 분류에 따른 춤의 특징과 종류를 살펴보면 다음과 같다.

1) 궁중무용

궁중무용은 통일신라시대부터 고려를 거쳐 조선시대에 이르는 동안 창제되어 궁중에서 춘 춤이다(정병호, 1999). 궁중무용을 다른 용어로 정재(呈才) 또는 정재무(呈才舞)라고도 한다. 정재라는 말은 '춤뿐만 아니라 모든 재능과 기예를 보인다'는 뜻이며, 곧 궁중에서만 통용되던 술어로 '어떤 기예(技藝)를 고귀한 사람에게 보인다'는 뜻이다.

정재는 궁중의 향연이나 국빈을 위한 연회 또는 나라의 경사 때 추었기 때문에 대부분 왕실의 존엄과 위엄을 찬양하는 내용이며, 화려한 무복과 도구로써 우아한 음악에 맞추어 장엄한 춤사위로 충(忠)과 예(禮)를 예술적으로 표현한다. 이는 궁중무용이 유교적 관념론에 지배되어 형식의 엄격성을 중시하기 때문이다.

궁중무용은 춤의 테마를 동작이 아니라 노래로써 설명한다는 점이 가장 큰 특성이다. 여기 사용되는 노래를 창사 · 치어 · 치사 · 구어라고 하는데, 춤이 시작되어 제일 먼저 부르는 것을 선구호라고 하며, 춤이 끝날 무렵 퇴장하기 직전에 부르는 것을 후구호라 부른다. 이 밖에 춤추는 중간에 부르고 춤추면서도 부른다(차용준, 2000). 둘째, 의상이 화려하고 셋째, 무태(舞態)에 있어서는 담담하고 유유한 장단의 흐름과 함께 춤가락이 유아하고 선이 고와 현실을 초연한 것처럼 신비스러운 멋을 주며 마지막으로, 개인의 감정이나 개성적인 표현이 억제된다는 점 등이다(성경린, 1995).

궁중무용의 종류로는 고려 때부터 내려온 향악무로 무고, 무애무, 학무 등이 있고, 당악무로는 포구락, 수연장, 연화대, 오양선, 헌선도 등이 있다. 조선조의 향악무에는 가인전목단, 무산향, 처용무, 검무, 광수무, 고구려무, 선유락, 사선무, 봉래의, 문덕곡 등이 있으며, 당악무에는 몽금척, 수보록, 하황 등이 있다. 대표적인 춤으로는 춘앵전, 처용무를 들 수 있다.

(1) 춘앵전

순조 때 세자 대리 익종이 어느 봄날 버들가지에 앉아 지저귀는 꾀꼬리 소리에 유감(有感)하여 이를 무용화한 것이라 한다. 춘앵전은 효명 세자가 순종 숙황후의 40세를 경축하기 위해 지은 것이다. 춘앵전은 궁중무용 가운데 가장 많은 무용 용어로 쓰고 있다. 특히 길이 6자의 화문석 위에서 추어야 하지만 한없이 느리고 우아한 동작에 묘미가 있다고 하겠다. 이 춤은 무동이 추기도 하고 여령이 추기도 하는데, 한 사람이 추는 것이 특징이다(정병호, 1999).

(2) 처용무

처용 설화에 따른 이 춤은 조선 말엽까지 궁중에서 악귀를 몰아내는 벽사 진경의 나례 의식에서 추던 전투적인 춤이었으나 훗날 오방 처용무로서 정재무가 되었다(정병호, 1999, 재인용).

처용무는 호방한 남성적 성격을 드러내는 춤으로 관중에게 집단 활동의 구심점을 표현하고 최소한의 절제된 표현 양식으로 동일한 감정을 전달하는 궁중무용의 기능을 발휘하고 있다. 처음에는 1인무로 추었으나, 차차 5인에 의해 이루어지는 '5인 처용무'가 되었다고 한다.

『삼국유사』에 전하는 처용무의 설화는 다음과 같다(성경린, 1995, 재인용).

"… 신라 제49대 헌강왕이 지금의 울주 곧 개운포에 나들이 나갔는데 갑자기 안개가 자욱이 깔려 길을 잃을 정도였다. 왕이 이상하게 생각하여 일관(日官)을 불러 물으니, 이것은 동해 용왕의 조화이므로 좋은 일을 하면 풀어질 것이라고 하였다. 왕은 근처에 망해사라는 절을 세우도록 명령하였다. 그러자 구름이 개이고 안개가 흩어져 이것을 개운포(開雲浦)라 이름 지었다. 이에 동해용이 기뻐하여 일곱 아들을 데리고 왕에게 나타나 감사의 뜻으로 음악을 연주하며 춤을 추었고, 아들 하나로 하여금 임금을 따르게 하였다. 그를 처용이라 이름지었으며 미녀를 아내로 삼게 하고 급간이라는 벼슬을 주었다. 이때 역신(疫神)이 처용의 아내를 흠모하여 사람으로 변해 밤에 그의 집에 가 동침하였다. 처용이 집에 돌아와 두 사람을 보고 물러나 춤을 추고 노래를 불렀다. 이때에 역신이 나타나 앞에 꿇어앉으면서 "아내를 사모하여 범했는데도 노하지 않는 처용에게 감격했다"는 말과 함께 "처용의 형상을 그린 것만 보아도 그 문에 들어가지 않겠다"고 하였다. 이로 인해 사람들은 처용의 형상을 문에 붙여 귀신을 물리치게 함으로써 이때부터 부적하는 풍습을 갖게 되었다…"

2) 민속무용

민속무용은 제약을 많이 받아 단조로운 가락으로 고정된 궁중무용과는 달리 원초의 자연스런 가락이 잘 보존된 것이다. 민속무용은 원시 민간신앙인 천신, 지신, 일월신에게 지내는 제사 및 부락제 등 각종 제사와 행사 또는 서민 대중의 세시풍속 중에서 자연 발생적으로 싹트기 시작했다. 일찍부터 농경민족으로 출발한 우리나라는 예로부터 많은 종류의 민속무용이 전래되고 있다.

민속무용의 특징은 첫째, 대체적인 형성 시기와 발생 장소는 짐작되지만 작자와 창작된 연대가 분명치 않은 점이다. 둘째, 내용이 평민 계급의 소박한 생활 감정을 묘사했다는 점이다. 셋째, 춤을 전개하는 데 있어 기본이 되는 가락은 있으나 세부적으로는 개인의 창의성을 자유자재로 구사할 수 있다는 점이다. 넷째, 찬란한 의상이나 복잡한 무대 장치가 없어도 적당한 넓이를 가진 장소이면 어디에서든지 출 수 있다. 다섯째, 장단은 염불(6박이 1장단), 타령(12박이 1장단) 등이 쓰이며, 그 밖에 남도 지방의 산조곡 장단과 무악인 살풀이장단 등도 사용한다는 점이다(차용준, 2000).

민속무용의 종류는 관기에 의해 이루어진 궁중무용의 계통을 이끌어 온 것과 순수 민속무용으로 민중 속에서 발생되어 전승된 것으로 나눈다. 궁중무용 계통의 춤은 진주검무, 승전무 등이 있다.

민속무용 중에는 승무, 살풀이 같이 은근한 신비 속에 고도의 세련된 멋을 풍기는 것과 각 지방의 토속성을 바탕으로 한 소박하고 향토색 짙은 강강술래, 농악 같은 향토무용, 각 지방에 분포되어 있는 계몽적이고 풍자적이며 해학적인 가면무(탈춤), 남사당패의 일종의 무용극에 속하는 한량무, 사교무인 남무 등이 있다.

(1) 승 무

승무는 불교의 법고춤에서 영향을 받아 승복을 본뜬 긴소매가 달린 하얀색 겉옷과 고깔을 쓰고 붉은색 띠를 어깨에서 허리 부분으로 가로질러 맨 뒤 커다란 북을 치며 혼자 추는 춤이다. 승무는 일반 서민들에게 불교를 널리 알리기 위한 수단으로 거리에서 걸승들이 추기 시작했으나, 각지를 유랑하는 광대들의 영향을 받아 점차 예술무용으로 변하기 시작하였다. 특히 기녀들이 각종연회에서 흥을 돋우기 위해 추기 시작하므로 실내로 들어와 현재는 불교와는 상관없는 하나의 예술무용으로 자리 잡게 되었다.

승무에는 당시 사회에서 천대받던 계층의 한의 정서가 짙게 배어 있고, 양반에 대한 조롱과 풍자도 들어 있어 다른 서민춤인 탈춤과도 통하는 데가 있다. 승무의 하얀 옷 역시 물들이지 않은 채로 입는 서민들의 옷과 같아 서민의 춤임을 보여 준다.

승무에서는 긴 소맷자락을 이용한 춤사위가 가장 중요한 요소이다. 긴소매가

마치 날개, 연, 구름처럼 보이다가 나중에 북채를 빼고 점점 동작이 빨라져 마치 몸 주위에 뿌연 성운을 만들어 내는 것 같은 아름다움의 극치를 보여 준다. 여기에 고깔에 가려 보일 듯 말 듯한 얼굴과 사뿐사뿐 움직이는 하얀 버선발이 어우러져 움직임과 고요함이 조화를 이룬 극도의 아름다움을 자아낸다.

[승무]

(2) 살풀이춤

살풀이춤은 고운 머리에 비녀를 꽂고 흰 치마, 저고리와 버선 그리고 옷고름이 늘어진 복장에 하얀 수건을 든 채 혼자 추는 우리나라 고유의 춤이다. 수건을 오른팔, 왼팔에 옮기고, 또 던져서 자리에 떨어뜨린 뒤 몸을 굽혀 엎드려서 수건을 어르고 그 다음에 집어 들고 일어서서 빠른 장단에 맞추어 공간에 수건을 휘날리며 추는 정중동(靜中動)의 미가 극치를 이루는 신비스럽고도 환상적인 춤이다.

살풀이춤은 무속의식에서 '사람을 죽일 수 있는 독기를 푼다'는 뜻으로 살을 풀기 위해 추던 춤이라 하였다(중요무형문화재 제27호). 무당이 액을 막거나 정신에 문제가 있는 사람들을 치료하기 위해 귀신을 쫓아내기 위해 주술적인 의미로 추는 춤인만큼 매우 전투적이고 무서울 정도로 격렬하다.

한편, 이와는 별개로 예술무용으로서의 살풀이춤도 있다. 살풀이춤은 조선시대에 발달한 남쪽 지방의 판소리와 밀접한 관련이 있다. 궁궐이나 일부 지배계층의 사람들 앞에서 판소리가 공연될 때 여기에 맞추어 기녀들이 수건을 들고 추는 경우가 있는데, 여기에서 비롯된 것으로 보고 있다(국립국어연구원, 2002).

(3) 탈 춤

탈춤은 탈놀이나 산대놀음 또는 가면극이라고도 하는데, 얼굴에 탈을 쓰고 춤을 추면서 공연하는 연극이다. 대사 위주의 전개 방식이 아니라 음악에 맞춘 춤과 노래가 주가 되어 놀이적인 성격이 강하다.

탈춤은 신라시대에 서역에서 들어와 향토적으로 동화를 이룬 오기와 백제 사람 미마지가 오나라에서 배워 온 기악무에 기원을 두고 있다. 조선시대에 '나례도감'이 설치되어 탈춤을 관할하였으나 조선 인조 때 폐지되면서 광대들이 각 지방에 분포되어 산대놀음으로 생활을 삼고 각 지방의 특유한 가면극을 이루어 내었다.

탈춤은 탈이 갖는 은폐성, 상징성, 전형성, 표현성을 이용하여 일반 서민의 건강한 삶을 거리낌없이 표현하였다. 따라서 탈춤의 공통적인 내용은 사회의 부도덕을 고발하고 양반 계급을 야유하며 승려들의 파계를 비난하고, 축첩 관계를 도덕적으로 풍자하는 등 민중의 불만을 표현하고, 인간사회의 잡다한 사상을 해학적, 풍자적으로 다루어 사람을 웃기고 울리는 것이 대부분이다.

[북청사자놀음]

탈의 종류로는 각시탈, 양반탈, 여러 탈, 할미탈, 비비새탈, 방상씨탈이 있다. 대표적인 탈춤으로는 양주별산대놀이, 하회별신굿놀이, 강령탈춤, 은율탈춤 등을 들 수 있다.

(4) 강강술래

강강술래는 호남 지방의 집단무용으로 삼한시대의 제천의식에서 5월의 기풍제와 10월의 추수감사제를 행한 집단 원무에서 유래한다. '강' 은 '원(圓)' 을 뜻하고, '술래' 는 '둘레' 라는 뜻으로 '주위를 경계하라' 는 의미를 지니고 있다. 이러한 어원과도 같이 이 춤은 임진왜란 때 아군의 군세가 크다는 것을 보이기 위한 부녀자들의 군무에서 시작되었다는 일설도 있다.

주로 원형으로 이루어져 있으며 춤과 노래와 놀이의 총체적인 춤이다. 먼저 한 사람이 노래를 부르면 나머지 사람들이 그 소리를 받아서 다 함께 후렴을 하는 형식으로 이루어진다. 이 후렴으로 부르는 가사가 강강술래이다. 이때 먼저 노래를 부르는 사람은 한 사람이 도맡아서 하기도 하고, 돌아가면서 맡기도 한다.

강강술래의 가장 큰 특징은 전적으로 여인들이 추는 춤이라는 것이다. 여인들은 하늘 높이 둥그렇게 솟아오른 달을 바라보며, 마치 달을 관객이자 여인들의 한과 소원을 들어 주는 대상으로 여기며 춤을 추었다. 즉, 여인들은 달을 향해 춤을 추며 달과 한몸이 되어 교감을 하는 것이다. 이 춤을 통해 제약을 많이 받고 살던 여인들은 마음껏 몸을 움직이고 노래를 부르며 생명력을 발산했다.

(5) 농 악

농악은 우리나라 춤 가운데 가장 오랜 역사를 지니고 있을 뿐 아니라 우리 민족의 심성이 가장 잘 표현되어 있는 춤이다. 농악이라는 명칭이 언제부터 나왔는지는 구체적으로 알려지지 않았으나 궁중악이 왕성할 때 정악(正樂)과 구분하기 위하여 '농사꾼이 하는 음악' 이라는 뜻에서 이름 지어진 것으로 추측되기도 하며 일제강점기에 국악을 정리하는 과정에서 이름 지어진 것으로 추측되기도 한다.

꽹과리, 징, 장구, 소고 4가지 타악기로 이루어진 농악은 꽹과리의 쇳가락이 음악의 단위가 되어 가락의 변화를 주도하면서 흥겨운 가락을 연주하므로 누구나 할 것 없이 춤을 추게 된다. 이러한 춤을 통해 민중적 의지와 미적 감각에서 나온 구수한 멋, 풍자적인 멋, 시원스러운 멋, 아기자기한 멋, 투박스러운 멋 등을 느낄 수 있다.

농악의 가장 기초가 되는 목적은 나쁜 귀신을 쫓고 좋은 일을 맞이하는 것이다. 이러한 종교의식에서 생겨나 농업 생산 현장에서 노동을 돕는 노동무로서 풍성한 생산을 기리고, 공동체적인 연대감을 높이기 위한 축제로 확대되면서 발전한 것이 오늘날의 농악이다.

3) 의식무용

궁중무의 대부분이 의식무에 속하는 신사·불사 등에 추는 춤을 말한다. 의식무용의 특징은 첫째, 춤이 의식 절차에 따라 진행된다는 점, 둘째, 춤으로써 독자성·독립성이 희박한 점, 셋째, 의식의 주제가 되는 사람의 신분 직위에 따라 무원 수가 결정된다는 점, 넷째, 무용 종류에 따라 무용 도구가 달라진다는 점 등이다(차용준, 2000).

의식무용에는 불교의 재의식(작법에는 나비춤, 바라춤, 법고춤)과 문묘, 종묘의 제사에서 추는 춤(일무[佾舞]에는 문무[文舞], 무무[武舞]), 굿의 종류에 쓰이는 무무(巫舞)로 오구굿, 재수굿, 별신굿 등을 들 수 있다(조윤미, 2005).

무무(巫舞)는 무당이 굿에서 추는 춤으로, 주로 오른손에는 방울을 들고 왼손에는 삼불선(三佛扇)을 들고 위로 치솟는 도무(跳舞)가 특징이며, 특히 바람을 날리는 회신무(廻身舞)가 볼 만하다(성경린, 1995).

오구굿은 죽은 사람의 넋을 위로하고 좋은 곳으로 가라는 굿인데, 서울에서는 지노귀굿, 경상도·강원도에서는 오구굿이라고 한다. 재숫굿은 일 년 내내 집안의 무사태평과 행운을 비는 반면, 별신굿은 한 마을의 행운을 비는 굿이다.

(1) 나비춤

나비 모양의 의상을 입고 추므로 나비춤이라고 부르나 원래의 명칭은 '착복무(着服舞)'이다. 나비춤은 혼자 또는 두 사람이 추는 춤으로 빠른 동작은 거의 찾아볼 수 없는 완만하고 부드러운 동작으로 조용하고 조심스럽게 정중히 추는 춤이다(정병호, 1999). 나비춤의 목적은 하늘과 땅의 모든 신들과 일체의 만물들 가운데 소생하지 못한 신(神)을 소리로 불러들여 부처님께 귀의하도록 하는 것이다. 그러므로 속된 감정이나 모든 생각을 버리고 오직 깨끗한 마음으로 추어야 하는 춤이다.

(2) 바라춤

나비춤이 조용하고 장중한 춤이라면 바라춤은 양손에 바라를 들고 빠른 동작으로 전진, 후퇴 또는 회전하며 추는 활달한 춤이다. 이 춤은 악귀를 물리쳐서 마음을 깨끗이 하고, 도를 닦는 장소를 깨끗이 한다는 뜻으로 추는 춤이다.

(3) 무속무

무속은 자연을 숭배하는 사상에서 비롯된 것으로 원시시대부터 자연적으로 발생하였으며, 미술, 문학, 음악, 춤이 융합되어 있는 독특한 종합 예술의 형태로 지속되었다. 따라서 무속의식에서 행해지던 각 예술의 분야는 순수한 예술적 감동에서 나왔다고는 할 수 없고, 그 의식의 목적에 따라 실리적이고 공리적인 성격을 가지게 된다. 무속무 역시 주로 신을 불러 맞이하거나 이승을 떠도는 신을 저승으로 보내기도 하고, 착한 신은 즐겁게 하고 악한 신은 격파하는 선두적인 성격을 가지기도 한다. 이러한 춤들은 각 의식의 목적에 따라 그 종류가 다르며 의식의 시작과 끝을 장식하는 핵심적인 역할을 하고 있다. 무속무에 사용되는 악기는 장고, 징 등의 사물이 주가 된다.

4) 신(新)무용

1900년대에 이르러 원각사라는 서구식 무대를 갖춘 극장이 생기면서 이에 무용도 점차 무대화하기에 이르렀다. 그러나 가악무(歌樂舞) 일체에서 벗어나 과감하게 독립하지 못한 상태였으나 1920년 처음으로 우리나라에 슬라브 계통의 춤이 들어왔고, 이어 외국의 무용단이 들어와 공연을 갖게 되었다(성경린, 1995).

신무용은 신문물과 함께 외국에서 유입된 서구무용 등을 가리키는 말이나, 그 뒤 국내에서 창작된 것까지 포함하여 신(新)무용이라 하였다. 신무용의 대표적인 춤은 화관무, 장구춤, 부채춤으로 무대화한 춤이다.

(1) 화관무

곱게 단장한 무원들이 궁중무 복식에 화관을 쓰고 긴 색한삼(色汗衫)을 공중에 뿌리며 홍겹게 추는 춤이다. 이 춤은 궁중무인 것으로 소개되고 있으나, 그 복식만이 궁중무와 유사할 뿐 연출 방법은 전혀 다르다.

(2) 장구춤

장구춤은 농악놀이 중의 설장고 개인놀이로부터 개작된 춤이다. 치맛자락으로 날렵하게 허리를 감싸 매고 장구를 사뿐 메고 오른손에는 채를, 왼손에는 궁글채를 들고 춘다. 느린 장단에 맞추어 홍청거리는 춤을 추다가 빠른 장단에 다양한 장구 가락을 구사하며 가볍게 발을 옮기기도 하고 도약하며 추는 매우 발랄한 춤이다(성경린, 1995).

(3) 부채춤

정적인 미와 동적인 아름다움이 잘 어우러져 극도의 조화미를 느끼게 해 주는 부채춤은 20세기에 들어서 무용가인 최승희가 무당들이 굿을 할 때 추던 무속춤의 소도구인 부채를 춤에 응용하면서 생겨났다. 무당춤에서 들고 추던 삼불선(三佛扇) 대신에 화려한 꽃 그림이나 깃털로 장식된 화려한 부채를 양손에 들고 여러 가지 아름다운 모양을 구사하며 추는 춤이다. 처음에는 혼자 추던 것이나 지금은 군무 형식으로 굳어져 수십 명이 함께 추며, 화려하면서도 정돈된 아름다움을 보여 준다.

머리에는 화사하게 장식된 족두리를 쓰고 보통 분홍색 계통의 한복을 입고 춘다. 이때 입는 한복의 저고리는 일반 저고리와는 달리 길이가 길며 옆이 터진 것으로 한층 화려한 느낌을 준다(국립국어연구원, 2002).

참고문헌

강영환 (2003). 집짓기. 서울: 보림.

강해인 (2002). 유아국악교육 길라잡이 유아교육, 우리음악으로 가르쳐요. 서울: 민속원.

기청 (1994). 어화둥둥 두리둥둥 이야기 국악 상, 하. 서울: 세광출판사.

김원용 (1987). 한국미의 탐구. 서울: 열화당.

______ · 안휘준 (1996). 新版 韓國美術史. 서울: 서울대학교출판부.

김용범 (2000). 한국 전통문화의 이해. 서울: 문학아카데미.

김영철 (1998). 전통문화와 교육. 한국교육, 25(1), 90-113.

김영희 (1998). 호흡기본. 서울: 현대미학사.

고석규 (1998). 문화, 그 말의 출처는. 우리는 지난 100년동안 어떻게 살았을까. 61. 한국역사회, 서울: 역사비평사.

고유섭 (1972). 한국미술사급 미학논고. 서울: 통문관.

교육부 (1995). 유치원 교육 활동 지도 자료 10. 서울: 국정교과서주식회사.

______ (1998). 유치원 교육과정. 서울: 대한교과서 주식회사.

국립국어연구원 (2002). 우리 문화 길라잡이. 서울: 학고재.

국립민속박물관 (1996). 한국 민속문화의 탐구.

문미옥 (1999). 전통문화에 기초한 유아교육과정 모형개발을 위한 기초 연구. 아동연구 제4집. 서울여자대학교 아동연구원.

문미옥 · 이혜상 · 이연승 · 황보영란 · 민행난 · 이용주 (2001). 유아를 위한 한국전통음식문화교육. 서울: 학지사.

문미옥 · 이혜상 · 임미혜 · 민행난 · 류칠선 (2001). 영유아 예절 및 전통보육프로그램 제3권 교사수지/부모수지. 서울: 보건복지부.

성경린 (1995). 한국전통무용. 서울: 일지사.

송방송 (1999). 韓國音樂史論. 서울: 민속원.

신대철 (1993). 우리음악, 그 맛과 소리깔. 서울: 교보문고.

신영훈 (2003). 우리가 정말 알아야 할 우리 한옥. 서울: 현암사.

성경린 (1995). 한국전통무용. 서울: 일지사.

손경자 (1999). 전통 한복양식. 서울: 교문사.

안휘준 (1997). 한국회화의 전통. 서울: 문예출판사.

이범직 · 김기홍 (2000). 전통문화란 무엇인가. 서울: 건국대학교 출판부.

이성천 (1995). 알기 쉬운 국악개론. 서울: 도서출판 풍남.

이은화 (1989). 전통놀이의 유아교육현장 적용을 위한 연구. 연세대학교 대학원 박사 학위청구논문.

전경수 (1994). 한국문화론:전통편. 서울: 일지사.

전남련 · 김민아 · 김덕일 (2004). 유아 전통 교육. 서울: 창지사.

정병호 (1999). 한국의 전통춤. 서울: 집문당

정상진 (2004). 우리 민속과 전통문화. 부산: 세종출판사.

정혜경 (1993). 국민학교 미술교육에 있어서 전통미술 지도에 관한 연구. 한국교원대학교 대학원 석사학위 청구논문.

조윤미 (2005). 함께 즐기는 유아국악교육. 서울: 창지사.

주남철 (2000). 한국주택건축. 서울: 일지사.

차용준 (2000). 전통문화의 이해 제1권 소리 · 춤 · 놀이 · 연극문화 편. 전북: 전주대학교 출판부.

_____ (2000). 전통문화의 이해 제2권 전통복식 · 음식 · 주거문화 편. 전북: 전주대학교 출판부.

최성자 (1993). 韓國의 美: 선 색 형. 서울: 지식산업사.

최준식 (2000). 한국미, 그 자유분방함의 미학. 서울: 효형출판사.

표인주 (2004). 한국인의 생활양식과 전통문화예술. 서울: 민속원.

한상복 · 이문웅 · 김광억 (1985). 문화인류학개론. 서울: 서울대학교출판부.

한국의 세시 www. sesistory.pe.kr
국립민속박물관 http://www.nfm.go.kr/folk/f0_bri.jsp
http://myhome.shinbiro.com/~tran
http://hanja.pe.kr/8-han/8-han12.htm
http://demeter.interpia98.net/~psike97
http://myhome.netsgo.com/nani77
http://myhome.netsgo.com/bluered
http://www.gooddays.co.kr/2000
http://yes.new21.org/holi
http://tonggu-gch.ed.seoul.kr/cont98/38a
http://my.netian.com/~selinnet
http://korea.insight.co.kr/korean/festival
http://home.taegu.net/~leeel123
http://user.chollian.net/~phm0428
http://tonggu-gch.ed.seoul.kr/cont98/38a
http://www.banchan.co.kr/festival_day/html
http://my.netian.com/~pkh818
한복 http://home.nownuri.net/~eodrl/
자연의 색 한국의 멋 http://netian.com/~lastlife/char/body.html
한국 전통의상과 장신구 www.juyada.mchol.com
우리의 한복 http://user.chollian.net/~kjg0520/main01.htm
전통문화4 http://php.chol.com/~zmncjw1/sub han1 menu2.html
http://www.korealike.com/main2/main/main.asp
http://home.hanmir.com/~isujin/
http://www.hanok.co.kr/
한옥이야기 http://web.edunet4u.net/~hanok/main.htm
http://korea.insights.co.kr/korean/listen
http://www.cntg.co.kr/korean music
http;//www.culture korea.com/korea/music

가상공간 우리문화연희연구단체 '함께 하는 우리'
http://www.koreartnet.com/etcboard/CrazyWWWBoard.cgi?db=databank
국립국악원 http://www.ncktpa.go.kr/html/jsp/NCKTPA/index.jsp
음악학교 http://www.musicschool.pe.kr/
한국문화예술위원회 http://www.artsonline.or.kr/trart/trartsearch_1.htm
한국고미술품 http://www.artbankseoul.co.kr/
배기철 http://art2127.hihome.com/han.html
아트랜드 http://user.chollian.net/~esag/

empas백과사전
동근이네집 http://user.chollian.net/~earthj/
아린미술 http://www.arin.pe.kr/korea_1_01.htm

김홍도 그림이 있는 사이트
http://city.ansan.kyonggi.kr/danwon
http://i.kebi.lycos.co.kr/~jammanbo/frame.html

사군자 그림이 있는 사이트
http://uniweb.unitel.co.kr:8085/data/old_paint/op-index.htm
http://yoonje.peoplecomm.co.kr/main.htm

민화가 있는 사이트
한국의 민화 www.ulsanok.co.kr/paintings/
우리 민화 www.folkart.co.kr
풍속도 자료실 home.hanmir.com/~vimil
김윤하의 민화 home.hanmir.com/~yhking
풍속도첩 home.hanmir.com/~chaaiko
나빌레라 무용단 http://www.nabillera.net/home.htm
http://www.tal.or.kr

엮은이 **임미혜**

덕성여자대학교 유아교육학과 졸업(문학사)

이화여자대학교 교육대학원 교육학과 졸업(유아교육전공, 교육학 석사)

서울여자대학교 대학원 아동학과 졸업(문학박사)

전, 경북전문대학 유아교육과 교수

현재, 백석문화대학교 사회복지학부 영유아보육전공 교수

유아교사를 위한
전통문화교육 길라잡이

초판 1쇄 인쇄 2014년 7월 10일
초판 1쇄 발행 2014년 7월 15일

엮은이 | 임미혜
펴낸이 | 김기섭
편집자 | 최창숙, 박연순
펴낸곳 | 창지사 www.changjisa.com
153-802 서울 금천구 가산디지털 1로 83 파트너스타워1차 9층
전화 (02) 719-2211~3
팩스 (02) 701-9386
등 록 | 1977년 4월 28일 · 제1-421호

ISBN 978-89-426-0632-0 (93370)

값 11,000원